수레바퀴의 삶

수레바퀴의 삶

2012년 4월 23일   제1판 1쇄 발행

발 행 인   김 만 홍
지 은 이   김 만 홍
발 행 처   예지서원
부천시 원미구 상동 533-8 대림타운 601호
전   화   010-2393-9191
등   록   2005. 5. 12.   제 387-2005-10호
ⓒ 예지서원 2012
ISBN 978-89-93387-26-1   03230
정   가   9,500원

총   판   하늘유통   031-947-7777

수레바퀴의 삶

김만홍 지음

예지

Contents
목 차

프롤로그 06
01. 중심 되는 그리스도 09
02. 그리스도인의 순종 23
03. 그리스도인의 말씀 63
04. 그리스도인의 기도 95
05. 그리스도인의 예배 164
06. 그리스도인의 섬김 176
07. 그리스도인의 증거 184
08. 그리스도인의 교제 211

프롤로그

　수레바퀴의 삶은 그리스도인의 균형 잡힌 신앙생활을 보여줍니다. 우리가 그리스도인으로서 예수 그리스도를 삶의 중심에 모시고 말씀과 기도와 예배와 섬김과 증거와 교제를 통해서 순종하는 삶을 살아갈 때 우리는 그리스도인으로서 풍성한 삶을 살 수 있습니다.
　네비게이토 선교회 창시자 도슨 트로트맨은 예수 그리스도께서 우리의 모든 삶과 행동의 중심이 되는 생활의 근본적인 요소들을 설명할 방법으로 수레바퀴의 예화를 생각해 냈습니다. 이 예화는 우리가 예수 그리스도께 순종하는 삶을 살아갈 때, 그분이 어떻게 우리의 삶의 중심이 되시는가를 보여주고, 또한 말씀과 기도와 예배와 섬김을 통해서 그분과 의사소통을 하며, 교제와 증거를 통해서 다른 사람들과 접촉하는 것을 보여줍니다. 수레바퀴 예화는 성령 충만한 삶에 대한 기본진리들을 기억하기에 편리하도록 도움을 줍니다. 이러한 삶을 사는 열쇠는 우리가 하는 모든 일의 주인이시며, 중심이 되시는 예수 그리스도이십니다. 그분이 우리의 삶을 지배하실 때 우리는 균형 잡힌 삶을 살게 됩니다.

그리스도인의 신앙생활은 무엇보다도 균형 잡힌 신앙생활이 중요합니다. 우리는 말씀과 기도와 예배와 섬김과 증거와 교제의 수레바퀴의 살을 굵게 하고 길게 해야 합니다. 그리고 그리스도인의 순종하는 생활인 수레바퀴의 테두리를 두껍게 해야 합니다. 우리가 수레바퀴 8가지 삶에서 균형을 유지해야 수레바퀴가 잘 굴려가게 됩니다. 우리의 삶에서 수레바퀴가 잘 굴려가는 것은 우리가 그리스도인으로서 승리하는 삶을 사는 것을 보여줍니다. 우리가 수레바퀴의 8가지 삶에서 균형을 유지하지 못하고, 시간을 많이 투자하지 못하면 수레바퀴가 작아서 그리스도인의 삶의 여정에 있는 장애물들을 통과할 수 없습니다. 그러므로 우리에게 수레바퀴 8가지의 삶에서 무엇이 부족한지 살펴보고, 늘 언제나 항상 신앙생활의 균형을 유지하면서 많은 시간을 투자하여 수레바퀴 8가지의 삶을 살아가야 합니다. 그러면 우리는 풍성하고 승리하는 삶을 살 수 있습니다. 아무쪼록 수레바퀴 삶을 통해 여러분의 삶이 풍성해 지도록 기도합니다.

01. 중심 되는 그리스도

　수레바퀴에서 가장 중요한 것은 중심 축입니다. 그곳에 동력이 전달되어야 수레바퀴가 앞으로 나아갈 수 있는 것처럼 그리스도인의 풍성한 삶을 살게 하는 능력도 중심되신 그리스도로부터 옵니다.

　수레바퀴에서 축은 수레바퀴가 움직이도록 힘을 공급하고, 수레바퀴가 나아갈 방향을 잡아 주는 기능을 합니다. 그러므로 수레바퀴의 삶에서 "중심 되는 그리스도"는 우리의 구세주 되시는 예수 그리스도를 마음속에 주인으로 모시고 생활의 전 영역에서 주인이 되시도록 인정하는 삶을 살아가는 것입니다. 예수 그리스도께서 우리의 주님 되심을 인정하는 삶의 태도입니다. 우리의 삶에 대한 절대적인 지배권을 인정하면서 매일의 삶 가운데서 예수님의 뜻에 복종하는 삶을 사는 것입니다. 우리의 삶의 통치권을 하나님께 되돌려 드림으로 하나님의 뜻이 우리의 삶에 이루어지게 하는 것입니다.

그러므로 우리 그리스도인들은 우리의 주님이신 예수 그리스도께 절대적으로 순종하며 살아가야 합니다.

주인 됨을 인정하는 삶

에덴동산에서 지금까지 전 인류의 역사를 살펴보면 항상 통치권이 문제가 되었습니다. 왜냐하면 마귀 사탄은 처음부터 인간에게 "네가 하나님이 되어 네가 네 삶을 통치하라"(창 3:5)고 유혹하였기 때문입니다. 그러므로 "중심 되는 그리스도"는 누가 우리의 인생의 주인인가를 생각해보는 것입니다. 많은 경우에 우리가 주인 노릇을 하고 있습니다. 그러나 분명한 것은 우리의 주인은 예수 그리스도이십니다. 우리는 결코 우리의 인생의 주인이 아닙니다. 바로 예수 그리스도께서 주인이 되십니다. 사실 우리는 깨어지기 쉽고 연약한 질그릇에 불과합니다. 예수 그리스도께서는 보배로서 우리 안에 살아계십니다. 심히 큰 능력은 우리에게 있지 않고 예수 그리스도께 있습니다. 그래서 사도 바울은 이렇게 말했습니다.

"우리가 이 보배를 질그릇에 가졌으니 이는 심히 큰 능력은 하나님께 있고 우리에게 있지 아니함을 알게 하려 함이라"(고후 4:7)

그러므로 "중심 되는 그리스도"는 예수님의 주제권이 이루어지는 삶입니다. 이것은 모든 것을 내 이름으로 하는 것이 아니라 예수님의 이름으로 하는 것입니다. 우리의 영광이 아니라 하나님의 영광이 우리의 삶의 목표가 되는 것입니다. 우리의 왕국이 아니라 하나님의 왕국이 이루어지게 하는 것입니다. 우리의 뜻이 아니라 주님의 뜻이 이루어지게 하는 것입니다. 그래서 예수님께서는 이렇게 말씀하셨습니다. "그런즉 너희는 먼저 그의 나라와 그의 의를 구하라 그리하면 이 모든 것을 너희에게 더하시리라"(마 6:33)

우리의 창조주

우리가 예수 그리스도를 삶의 주인으로 섬겨야할 이유는 예수님께서 우리를 창조하신 창조주가 되시기 때문입니다. 사도 바울은 예수님을 창조주로 소개하고 있습니다.

> "만물이 그에게서 창조되되 하늘과 땅에서 보이는 것들과 보이지 않는 것들과 혹은 왕권들이나 주권들이나 통치자들이나 권세들이나 만물이 다 그로 말미암고 그를 위하여 창조되었고 또한 그가 만물보다 먼저 계시고 만물이 그 안에 함께 섰느니라"(골 1:16-17)

우주 만물은 예수 그리스도에 의해서 창조되었고, 예수 그리스도를 위해서 창조되었고, 예수 그리스도에 의해서 유지되고 있습니다. 그러므로 예수 그리스도께서는 모든 것의 중심이 되십니다. 예수 그리스도께서 바로 우리를 창조하셨습니다. 그러므로 우리는 당연히 예수 그리스도를 주인으로 섬겨야 합니다. 다윗은 시편을 통해서 하나님께서 자신을 창조하셨다고 고백하며, 하나님을 철저하게 자신의 주님으로 고백하고 있습니다.

"주께서 내 내장을 지으시며 나의 모태에서 나를 만드셨나이다 내가 주께 감사하옴은 나를 지으심이 심히 기묘하심이라 주께서 하시는 일이 기이함을 내 영혼이 잘 아나이다 내가 은밀한 데서 지음을 받고 땅의 깊은 곳에서 기이하게 지음을 받은 때에 나의 형체가 주의 앞에 숨겨지지 못하였나이다 내 형질이 이루어지기 전에 주의 눈이 보셨으며 나를 위하여 정한 날이 하루도 되기 전에 주의 책에 다 기록이 되었나이다 하나님이여 주의 생각이 내게 어찌 그리 보배로우신지요 그 수가 어찌 그리 많은지요 내가 세려고 할지라도 그 수가 모래보다 많도소이다 내가 깰 때에도 여전히 주와 함께 있나이다"(시 139:13-18)

"주께서 내 내장을 지으시며 나의 모태에서 나를 만드셨나이다"
"내가 주께 감사하옴은 나를 지으심이 심히 기묘하심이라"
"주께서 하시는 일이 기이함을 내 영혼이 잘 아나이다"
"나의 형체가 주의 앞에 숨겨지지 못하였나이다"
"내 형질이 이루어지기 전에 주의 눈이 보셨나이다"
"나를 위하여 정한 날이 하루도 되기 전에 주의 책에 다 기록이 되었나이다"
"하나님이여 주의 생각이 내게 어찌 그리 보배로우신지요"
"내가 깰 때에도 여전히 주와 함께 있나이다"

우리도 다윗처럼 하나님을 주인으로 고백하고 그분을 철저하게 주인으로 섬길 수 있어야 합니다.

우리의 구세주

우리가 예수 그리스도를 주인으로 섬겨야할 이유는 예수님께서 우리의 구세주가 되시기 때문입니다. 하나님을 떠나 죄를 범하고 마귀 사탄의 종 된 우리를 그리스도께서 자신의 생명과 피로 값을 치르시고 우리를 구원하셨기 때문에 우리는 하나님의 소유가 되었습니다. 그래서 사도 바울은 우리의 주인 되시는 하나님께 영광을 돌리라고 명령합니다.

"너희 몸은 너희가 하나님께로부터 받은 바 너희 가운데 계신 성령의 전인 줄을 알지 못하느냐 너희는 너희 자신의 것이 아니라 값으로 산 것이 되었으니 그런즉 너희 몸으로 하나님께 영광을 돌리라"(고전 6:19-20)

우리가 그분의 소유가 되었기 때문에 우리는 당연히 그분을 주인으로 섬겨야 합니다. 우리는 예수 그리스도를 삶의 주인으로 섬기기 위해서 하나님의 주권적인 섭리와 계획을 이해해야 합니다. 사실 우리가 원하지 않아도 예수 그리스도께서는 이미 우리의 주인이 되셨습니다. 예수님께서 하늘 보좌를 버리시고 낮고 천한 인간의 몸을 입으시고 이 땅에 오셔서 아버지 하나님께 십자가에서 죽기까지 순종하심으로 모든 이름 위에 뛰어난 이름을 얻게 되셨습니다. 그러므로 모든 입은 그분을 주님으로 시인해야 합니다. 사도 바울은 그 사실을 예리하게 지적합니다.

"너희 안에 이 마음을 품으라 곧 그리스도 예수의 마음이니 그는 근본 하나님의 본체시나 하나님과 동등됨을 취할 것으로 여기지 아니하시고 오히려 자기를 비워 종의 형체를 가지사 사람들과 같이 되셨고 사람의 모양으로 나타나사 자기를 낮추시고 죽기까지 복종하셨으니 곧 십자가에 죽으심이라 이러므로 하나님이 그를 지극히 높여 모든 이름 위에 뛰어난 이름을 주사 하늘에 있는 자들과 땅에 있는 자들과 땅 아래에 있는 자들로 모든 무릎을 예수의 이름에 꿇게 하시고 모든 입으로 예수 그리스도를 주라 시인하여 하나님 아버지께 영광을 돌리게 하셨느니라"(빌 2:5-11)

그러므로 우리는 항상, 언제나, 어떤 순간에도 예수 그리스도를 주님으로 섬길 수 있어야 합니다.

우리 인생의 주인

우리는 예수 그리스도를 우리 인생의 주인으로 마음속에 영접하였습니다. 우리가 하나님의 자녀가 되는 방법은 예수님을 마음속에 영접해야 합니다. 우리가 예수 그리스도를 주인으로 영접하고 하나님의 자녀가 되었다면 예수님을 주인으로 섬기는 것은 당연합니다. 그래서 사도 바울은 우리가 예수님을 주인으로 영접했다면 이제 주님 안에서 행하라고 권면합니다.

"그러므로 너희가 그리스도 예수를 주로 받았으니 그 안에서 행하되 그 안에 뿌리를 박으며 세움을 받아 교훈을 받은 대로 믿음에 굳게 서서 감사함을 넘치게 하라"(골 2:6-7)

우리 그리스도인들은 예수님을 주인으로 모셨기 때문에 예수님이 다스리시는 삶의 통치권이 이루어져야 합니다. "주여"하고 말로만 예수님을 주님이라고 부르는 것이 아니라 삶의 현장에서 삶의 통치권이 이루어져야 합니다. 예수님께서 우리의 삶을 통치해야 성령 충만한 삶이 이루어집니다. 우리 모두는 성령 충만을 사모하지만 우리가 먼저 예수님의 지배를 받아야 성령 충만한 삶이 이루어집니다. 예수님께서 우리의 삶을 통치해야 비로소 영적인 성장이 이루어지고, 우리의 삶이 아름답게 변화될 수 있습니다. 우리가 예수 그리스도를 주님으로 섬길 때 놀라운 축복을 받고, 풍성한 삶을 살 수 있습니다. 그래서 예수님은 이렇게 말씀하셨습니다.

"도둑이 오는 것은 도둑질하고 죽이고 멸망시키려는 것뿐이요 내가 온 것은 양으로 생명을 얻게 하고 더 풍성히 얻게 하려는 것이라"(요 10:10)

그러므로 어느 누구도 예수 그리스도를 주인으로 섬기지 않고는 풍성한 삶을 살 수 없습니다. 우리는 예수 그리스도를 떠나서는 아무 것도 할 수 없습니다. 하지만 우리가 예수 그리스도를 주인으로 섬기면 삶에서 아름다운 열매를 맺을 수 있습니다. "나는 포도나무요 너희는 가지라 그가 내 안에, 내가 그 안에 거하면 사람이 열매를 많이 맺나니 나를 떠나서는 너희가 아무 것도 할 수 없음이라"(요 15:5)

그러므로 우리가 예수 그리스도를 주인으로 섬길 때 성령의 열매를 맺게 되며, 예수님께 상급을 받게 된다고 바울은 지적합니다. "무슨 일을 하든지 마음을 다하여 주께 하듯 하고 사람에게 하듯 하지 말라 이는 기업의 상을 주께 받을 줄 아나니 너희는 주 그리스도를 섬기느니

라"(골 3:23-24)

많은 사람들은 예수님을 주인으로 모셨음에도 불구하고 다양한 반응을 보입니다. "나는 하나님과 관계없이 내가 원하는 것을 하겠습니다." 하지만 이러한 태도는 그리스도께서 자신을 지배하는 것을 원하지 않는 태도입니다.

"하나님께서 내가 원하는 것을 이루어 주시면 나도 하나님의 뜻을 따르겠습니다." 이러한 태도도 하나님과 흥정하는 태도요 장사 속을 가지고 하나님을 대하는 것입니다.

"나는 하나님께서 원하시는 것을 하나님의 뜻대로 행하겠습니다. 그러면 하나님께서도 내가 원하는 것을 반드시 이루어 주실 것입니다." 이러한 태도도 완전히 헌신된 것은 아닙니다. 하나님께 조건을 내세우는 것은 우리의 태도가 아닙니다. 그러면 우리는 어떤 태도를 가져야 하겠습니까?

"하나님께서 내가 원하는 것을 들어주시든지 안 들어주시든지 상관없이 나는 하나님의 원하시는 것을 행하겠습니다."

이러한 태도야말로 우리가 가져야할 진정한 종의 자세입니다. 다니엘의 세 친구는 자신들의 목숨이 위태로운 상황에서도 "그렇게 하지 아니하실지라도" 우상 숭배를 하지 않겠다고 선포했습니다. "사드락과 메삭과 아벳느고가 왕에게 대답하여 이르되 느부갓네살이여 우리가 이 일에 대하여 왕에게 대답할 필요가 없나이다 왕이여 우리가 섬기는 하나님이 계시다면 우리를 맹렬히 타는 풀무불 가운데에서 능히 건져내시겠고 왕의 손에서도 건져내시리이다 그렇게 하지 아니하실지라도 왕이여 우리가 왕의 신들을 섬기지도 아니하고 왕이 세우신 금신상에게 절하지도 아니할 줄을 아옵소서"(단 3:16-18)

우리에게도 이러한 태도가 필요합니다. 우리가 예수님을 주인으로 섬기려면 먼저 하나님의 나라와 하나님의 의를 구해야 합니다(마 6:33). 그리고 하늘에 속한 위에 것을 찾아야 합니다. 우리가 그리스도와 함께 다시 살리심을 받았다면 위엣 것을 생각하고 땅엣 것을 생각지 말아야 합니다(골 3:1-3). 우리는 모든 것을 주를 위해서 해야 합니다. 우리는 자기를 위하여 살지 말고 자기를 위하여 죽지도 말아야 합니다. 우리는 살아도 주를 위하여 살고 죽어도 주를 위하여 죽어야 합니다. 우리는 살아 있으나 죽어 있으나 주님의 것이기 때문입니다. 예수님께서는 이일을 위하여 죽으셨다가 다시 살아나셨기 때문입니다(롬 14:6-9).

우리는 일반적인 일을 할 때에도 주께 하듯이 해야 합니다. 사도 바울도 무슨 일을 하든지 마음을 다하여 주께 하듯 하고 사람에게 하듯 하지 말라고 권면했습니다. 우리가 모든 일을 주님께 하듯이 행하면 유업의 상을 주님께서 주십니다. 그러므로 우리는 모든 일을 통해서 그리스도를 섬길 수 있습니다(골 3:23-24). 우리가 주님을 섬기려면 우리는 세상이나 세상의 것들을 사랑하지 말아야 합니다. 누구든지 세상을 사랑하면 아버지의 사랑이 그 속에 있지 않습니다. 세상에 있는 모든 것은 육신의 정욕과 안목의 정욕과 이생의 자랑에서 나온 것입니다. 이러한 것들은 모두 다 아버지께로 좇아 온 것이 아니라 세상으로 좇아온 것이기 때문입니다(요일 2:16).

우리가 주님을 온전히 섬기려면 우리는 세속적인 일에 얽매이지 말아야 합니다. 예수 그리스도의 좋은 군사로서 자기 생활에 얽매이지 말아야 합니다. 그런 사람이 진정 자신을 군사로 모집한 하나님을 기쁘게 할 수 있기 때문입니다(딤후 2:3-4). 우리는 우리의 정욕과 욕심을 십자가에 못 박아야 합니다(갈 5:24). 우리는 사람을 두려워하지 않아야 합니다. 예수님 당시에도 그분을 믿는 사람들이 많았지만 바리새인들로 인하여 드러나게 말하지 못하였습니다. 그들은 유대교에서 출교를 당할 것을 두려워하였고, 사람의 영광을 하나님의 영광보다 더 사랑하였기 때문입니다(요 12:42-43).

대가 지불

우리가 예수 그리스도를 주인으로 섬기기 위해서 우리는 대가를 기꺼이 지불해야 합니다. 구원은 하나님께서 우리에게 은혜로 주셨지만 우리가 그분을 주인으로 섬기기 위해서는 대가를 지불해야 합니다. 그러나 예수님은 더 많은 축복을 주시기 위해서 우리에게 작은 대가를 요구하시는 것입니다.

첫째, 우리는 무엇보다도 죄를 포기하는 대가를 지불해야 합니다. 우리가 죄를 계속 지으면서 예수님을 주인으로 섬길 수는 없기 때문입니다. 둘째, 우리는 세상적인 물질을 포기해야 합니다. 이것은 예수님께서 말씀하신 내용입니다. "이와 같이 너희 중의 누구든지 자기의 모든 소유를 버리지 아니하면 능히 내 제자가 되지 못하리라"(눅 14:33) 그러나 이것은 우리가 물질을 무조건 버리라는 것이 아니라 물질 때문에 예수님을 주님으로 섬기는 것이 방해가 된다면 물질을 포기하라는 뜻입니다. 셋째, 우리는 주님을 위해서 시간을 포기해야 합니다. 사실 시간이란 우리의 생명과도 같습니다. 우리의 작은 시간들이 모여서 우리의 인생 전체가 되기 때문입니다. 따라서 시간이 우리의 기회이며 특권이지만 이 시간들을 우리를 위해서 사용하는 것이 아니라 다른 사람과 주님을 위해서 사용하는 것입니다. 그러므로 우리는 자아 중심으로 살아가면 주님을 온전히 섬길 수 없습니다. 우리가 형식적이고 율법적인 삶을 살아갈 때도 주님을 온전히 섬길 수 없습니다. 우리가 하나님을 장사 속을 가지고 대해도 주님을 온전히 섬길 수 없습니다. 그러므로 우리는 주님을 사랑하기 때문에 주님께 순종하고 주님을 따라가야 합니다.

모든 영역에서 주인으로 섬김

첫째로 우리는 감정의 영역에서도 예수님을 주인으로 섬깁니다.

긍정적인 감정의 상태에서도 주님을 인정하고 주님께 감사해야 합니다. 예를 들면 좋은 선물을 받을 때나 기쁜 내용의 편지를 받을 때나 상대방에게 칭찬과 격려를 받을 때나 어떤 경기에서 승리를 하였을 때도 우리는 먼저 예수님께 감사하고 영광을 돌려야 합니다.

뿐만 아니라 우리는 슬픈 감정이 찾아 올 때도 예수님을 주님으로 인정하고 속히 그 슬픈 감정을 자백하고 버려야 합니다. 만약 우리의 감정이 우리를 지배하고 계속 염려와 근심 속에서 살아간다면 우리가 우리 삶의 주인이 되는 것입니다. 그런 상황에서는 결코 예수님이 우리의 주인이 되는 것이 아닙니다. 어떤 그리스도인들은 잘못된 환경이 다가올 때 예수님을 기억하지 못하고 절망적인 감정에 빠져 헤어 나오지 못합니다. 하지만 우리는 그러한 순간에도 예수님을 주인으로 인정할 수 있어야 합니다. 그러므로 우리에게 슬픔과 절망과 낙심이 찾아 올 때도 예수님을 주인으로 인정해야 합니다. 우리는 슬픔이 찾아 올 때도 계속 슬픈 감정에 빠져 슬픔에 잠기기보다는 진정한 위로는 하나님이 주신다는 확신 속에서 우리가 하나님을 인정하고 슬픔을 극복해야 합니다. 우리 하나님은 마음이 상한 자에게 가까이 하시고 중심에 통회하는 자를 구원하시기 때문입니다(시 34:18).

둘째로 우리는 절망과 낙심이 찾아 올 때도 예수님을 주인으로 인정합니다.

그런 상황에서 계속 잘못된 감정에 빠져 절망할 것이 아니라 진정한 격려와 힘은 하나님이 주시기 때문에 하나님을 주님으로 인정하고 섬겨야 합니다. 우리의 짐을 져 주시는 분은 바로 하나님이시기 때문입니다(마 11:28-30). 그래서 시편 기자는 그런 상황 속에서 이렇게 고백했습니다.

"하늘에서는 주 외에 누가 내게 있으리요 땅에서는 주 밖에 내가 사모할 이 없나이다 내 육체와 마음은 쇠약하나 하나님은 내 마음의 반석이시요 영원한 분깃이시라 무릇 주를 멀리하는 자는 망하리니 음녀 같이 주를 떠난 자를 주께서 다 멸하셨나이다 하나님께 가까이 함이 내게 복이라 내가 주 여호와를 나의 피난처로 삼아 주의 모든 행적을 전파하리이다"(시 73:25-28)

그러므로 우리도 시편 기자와 같이 어려운 순간에도 예수님을 피난처로 삼고 예수님을 찾아야 합니다.

셋째로 우리는 두려움과 염려가 찾아 올 때도 예수님을 주님으로 인정하고 찾습니다.

우리 하나님이 참으로 우리를 도와주시겠다고 말씀하셨기 때문입니다. "두려워하지 말라 내가 너와 함께 함이라 놀라지 말라 나는 네 하나님이 됨이라 내가 너를 굳세게 하리라 참으로 너를 도와 주리라 참으로 나의 의로운 오른손으로 너를 붙들리라"(사 41:10) 우리가 염려 속에 빠져 있는 것은 예수님을 주님으로 인정하는 것이 아닙니다. 그러므로 우리는 그러한 상황에서 주님을 찾아야 합니다.

우리가 아무 것도 염려하지 않고 오직 모든 일에 기도와 간구로 구할 것을 감사함으로 하나님께 아뢰어야 합니다. 그러면 모든 지각에 뛰어난 하나님의 평강이 그리스도 예수 안에서 우리의 마음과 생각을 지켜주십니다(빌 4:6-7). 우리는 돈이 없어도 현재 가지고 있는 바를 족한 줄로 알아야 합니다. 하나님께서 과연 우리를 버리지 아니하시고 과연 우리를 떠나지 아니하겠다고 친히 말씀하셨기 때문입니다. 그러므로 우리는 "하나님은 나를 돕는 분이시니 내가 무서워하지 아니하겠노라 사람이 내게 어찌하리요"(히 13:5-6) 라고 담대하게 선포해야 합니다.

넷째로 우리는 욕심과 정욕이 찾아 올 때도 예수님을 주님으로 인정하고 찾습니다.

우리에게 욕심과 정욕이 생길 때도 우리 육체의 욕심과 정욕을 따를 것인가 아니면 우리의 주인이 되시는 예수님을 따를 것인가를 결정해야 합니다. 우리의 육체는 식욕과 권력욕과 성욕과 물질욕과 소유욕과 명예욕을 가지고 있지만 이러한 욕심이 생길 때 우리는 성령님을 쫓아 행해야 합니다. 우리는 예수 그리스도로 옷 입고 정욕을 위하여 육신의 일을 도모하지 말아야 합니다(롬 13:14). 그러한 때에 우리는 성령님을 좇아 행하여야 육체의 욕심을 이루지 않게 됩니다(갈 5:16-17).

다섯째로 우리는 실망이 찾아 올 때도 예수님을 주인으로 인정하고 찾습니다.

실망은 우리가 바라는 것이 이루어지지 않았을 때 찾아옵니다. 실망에서 실의에 빠지게 되고, 실의에서 절망으로 나아가는 것입니다. 우리가 절망에 빠지면 깊은 침체의 수렁에 빠져 헤어 나오지 못하게 됩니다. 그러나 이러한 상황에서도 소망을 주시는 분은 하나님이시기 때문에(렘 29:11), 우리는 주님을 찾아야 합니다.

우리의 인격과 성격에서 나오는 잘못된 습성들이 우리를 실망시킬 때에도 예수님을 찾아야 합니다. 어떤 사람들은 모난 인격을 소유하고 쉽게 짜증을 부리고, 화를 내고, 잘못된 습관으로 반응합니다. 그러나 우리는 그러한 상황 속에서도 주님을 인정하고 실망을 버려야 합니다. 이렇게 될 때 예수님께서 진정 우리의 삶에 중심이 됩니다. 그러므로 우리는 그리스도 중심으로 살아야 합니다.

02. 그리스도인의 순종

수레바퀴의 삶에서 두 번째로 중요한 것은 수레바퀴의 테두리인 "그리스도인의 순종하는 생활"입니다. 사실 우리 그리스도인은 순종하기 위해서 존재하며, 순종을 위해서 세상에서 부름을 받았습니다. 그리스도인과 순종은 서로 떨어질 수 없는 절대적인 관계입니다. 그리스도인들은 예수 그리스도께서 자신을 위해서 하신 일이 너무나 고맙고 감사해서 그분은 자신의 주인으로 모신 사람들입니다. 그러므로 우리 그리스도인들이 예수님께 일차적으로 해야 할 의무는 순종입니다. 우리는 매일의 신앙생활에서 무엇보다도 순종을 배우고 순종을 실천해야 합니다. 우리가 하나님께 순종하지 않는다면 우리의 신앙생활은 이루어지지 않기 때문입니다.

하나님은 무엇보다도 우리에게 순종을 요구하십니다. 그러므로 하나님께서는 반복해서 하나님의 말씀을 통해서 우리에게 순종을 가르치고 있습니다. 우리 그리스도인들에게 순종이 그만큼 중요하기 때문입니다. 우리에게 순종이 중요하기 때문에 반복해서 순종을 요구하실 뿐만 아니라 순종이 쉬운 일이 아니기 때문에 순종을 반복해서 요구하고 있습니다. 하나님께서 성경을 통하여 여러 차례 순종을 요구하셨지만 사람들은 끊임없이 하나님께 불순종했습니다. 그러므로 하나님은 반복해서 우리에게 순종을 요구하고 순종을 가르치고 있습니다.

그러면 우리는 어떻게 하나님께 순종할 수 있습니까?

우리는 무엇보다도 순종이 무엇인지 알아야 합니다.

순종이란 무엇인가?

순종이란 내 생각을 하나님의 생각에 굴복시키는 것입니다. 내가 하나님께 순종하려면 내 생각을 포기해야 합니다. 우리가 내 생각을 포기하지 않으면 우리는 결코 하나님께 순종할 수 없습니다.

사실 모든 불순종에는 자기 생각과 불순종의 이유가 있습니다. 가정을 생각해 보십시오. 성경은 아내들에게 자기 남편에게 순종하라고 명령합니다. 하지만 우리는 남편에게 불순종하는 많은 아내들을 봅니다. 그러나 순종하지 못하는 아내들은 대부분 그 나름대로 순종하지 못하는 이유들이 있습니다. 그러면 순종하지 못할 이유가 있다면 순종하지 않아도 되는 것입니까? 성경은 또한 자녀에게 부모에게 순종하라고 가르치고 있습니다. 아마 자녀들도 자기 부모에게 불순종하고 있다면 순종하지 못하는 이유들을 가지고 있을 것입니다. 우리 그리스도인이 하나님께 순종하지 못하고 있다면 그 또한 순종하지 못하는 이유들이 있을 것입니다. 하나님께 불순종했던 사울 왕도 불순종한 이유가 있었습니다. 하나님은 분명히 사울에게 아말렉 전부를 다 죽이라고 명령했습니다. 하지만 사울은 그 명령에 불순종했으며, 불순종의 이유들을 말합니다. 그는 하나님께 제사를 드리기 위해서 불순종했다고 자기 생각과 이유를 말합니다. 하지만 사울은 자기의 유익을 위해서 불순종했던 것입니다.

나아만도 처음에는 엘리사가 요단강에 일곱 번 몸을 담그라는 명령할 때 불순종했습니다. 나아만이 불순종했던 이유는 자기 생각에는 요단강의 물보다 자기 나라의 강물이 더 깨끗하고 엘리사가 안수라도 해주고 약이라도 발라줄 것으로 생각하였기 때문입니다.

아담과 화와도 하나님의 명령에 불순종했던 이유가 있었습니다. 그들은 하나님이 되고자 하는 야망 때문에 하나님의 말씀을 불신하고 불순종했습니다. 그래서 하나님은 우리가 여러 가지 불순종의 이유와 핑계를 되는 것을 제일 싫어하십니다. 왜냐하면 불순종해 놓고도 회개하지 않고 하나님께 따지는 태도이기 때문입니다. 그러므로 우리는 불순종의 이유를 버리고, 우리의 생각을 포기해야 하나님께 순종할 수 있습니다.

왜 많은 사람들이 하나님께 불순종하면서 그것이 얼마나 큰 죄인지 모릅니까? 그들이 불순종의 이유에 설득 당했기 때문입니다. 불순종하는 것이 더 합리적이고 더 바람직 한 것처럼 보이기 때문입니다. 하나님의 명령에 불순종했다면 어찌 이유가 없겠습니까? 하지만 우리가 그 이유들을 버려야 하나님께 순종하고 변화될 수 없습니다. 이제 우리는 이유와 핑계를 버려야 합니다. 이제 우리는 우리의 생각을 버리고 하나님께 순종해야 합니다. 왜냐하면 내 생각보다 하나님의 생각이 더 위대하기 때문입니다. 우리가 우리의 생각을 버려야 하나님께 순종할 수 있습니다.

예수님의 순종

예수님은 온 인류의 죄의 문제를 해결하기 위해서 십자가에 죽으라는 아버지 하나님의 명령에 순종하셨습니다(빌 2:5-11). 그러면 예수님께서 죽기까지 순종하신 이유가 무엇입니까? 예수님께서 자기 생각을 하나님의 생각에 굴복했기 때문입니다. 마태복음 26장 36-44절을 살펴보십시오. 예수님은 십자가에서 죽으시는 것을 고난의 쓴잔으로 비유하시면서 이렇게 기도합니다.

"조금 나아가사 얼굴을 땅에 대시고 엎드려 기도하여 이르시되 내 아버지여 만일 할 만하시거든 이 잔을 내게서 지나가게 하옵소서 그러나 나의 원대로 마시옵고 아버지의 원대로 하옵소서"(마 26:39)

예수님은 동일한 기도를 세 번씩이나 하셨습니다(마 26:44). 마태복음 26장 39절에서 "이 잔을 내게서 지나가게 하옵소서"라는 말씀의 의미가 무엇입니까? 온 인류의 죄악을 십자가에서 지고 하늘과 땅 사이에 매달려 죽으시는 일이기 때문에 하나님의 명령에 순종하는 것은 절대로 쉬운 일이 아니었습니다. 예수님께서는 그 일이 너무나 고통스러운 일이라는 것을 아시기 때문에 죽고 싶지 않으셨습니다. 하지만 예수님은 자기의 생각을 포기하셨습니다. 그래서 세 번씩이나 "나의 원대로 마옵시고 아버지의 원대로 하옵소서"라고 기도하신 것입니다.

그러므로 예수님께서 십자가에서 죽으신 이유는 바로 하나님 아버지께 순종하기 위해서 죽으셨습니다. 물론 우리를 사랑하셔서 우리의 죄를 용서해 주기 위해서 죽으셨지만 예수님은 아버지께 순종하기 위해서 죽으신 것입니다. 순종하시되 죽기까지 순종하셨습니다. "사람의 모양으로 나타나사 자기를 낮추시고 죽기까지 복종하셨으니 곧 십자가에 죽으심이라"(빌 2:8) 그러므로 우리도 죽기까지 순종하신 예수님의 마음을 본받아야 순종해야 합니다. "너희 안에 이 마음을 품으라 곧 그리스도 예수의 마음이니"(빌 2:5) 그러므로 우리도 하나님께 순종하기 위해서는 우리의 생각을 포기해야 합니다. 우리의 생각을 하나님께 굴복해야 합니다. 그래야 우리는 하나님께 순종할 수 있습니다.

아브라함의 순종

아브라함은 이삭을 제물로 바치라는 하나님의 명령에 순종합니다(창 22:1-22). 그러면 아브라함이 순종했던 이유가 무엇입니까? 아브라함 또한 자기 생각을 하나님의 생각에 굴복했기 때문입니다. 그가 하나님께 순종하지 않을 이유는 얼마든지 있었습니다. 사실 하나님의 요구는 하나님의 약속과 어울리지 않습니다. 사랑하는 독자 이삭을 번제로 드리라는 요구에 어찌 순종할 수 있겠습니까? 그러나 아브라함은 하나님 앞에서 자기의 모든 생각을 버리고 순종했습니다.

그러므로 성경에서 순종의 전형적인 모습은 아브라함이 사랑하는 독자 이삭을 바치라는 하나님의 명령에 아들을 모리아 산에서 바치는 순종입니다. 진정한 순종이란 절대 값싼 것이 아닙니다. 자기 부인이 없는 순종이란 존재하지 않습니다. 우리가 하나님의 말씀에 순종하려면 우리의 육신과 경험과 생각이 순종을 방해할 것입니다. 하지만 우리가 하나님께 순종하려면 우리의 생각과 육신과 경험을 하나님의 명령에 굴복시켜야 합니다.

노아의 순종

노아는 하나님이 방주를 만들라고 명령하시자 그 즉시 순종했습니다(창 6:13-22). 그러면 노아가 순종했던 이유는 무엇입니까? 노아 또한 자기 생각을 포기했기 때문입니다. 사실 노아가 순종하는 것은 정말 쉽지 않았을 것입니다. 왜냐하면 노아는 비를 한 번도 경험해 본적이 없었기 때문입니다(창 2:5-6). 도대체 비라는 것을 본 일이 없는데 큰 비가 내려서 온 세상을 잠긴다고 말씀하시니 어찌 믿을 수가 있겠습니까? 상식적으로 도저히 이해가 되지 않습니다. 하지만 노아는 자기 생각을 포기하고 하나님의 명령에 순종해서 방주를 지었습니다.

엘리야의 순종

엘리야는 아합 왕에게 3년 6개월 동안 비가 오지 않는다고 선포하고 그릿 시냇가로 가라는 하나님의 명령에 순종했습니다(왕상 17:2-16). 그러면 엘리야가 하나님의 명령에 순종했던 이유는 무엇입니까?

엘리야 또한 자기 생각을 포기했기 때문입니다. 엘리야는 하나님의 약속을 믿고 순종했습니다. 그러자 비가 내리지 않아도 하나님이 까마귀를 보내어 먹을 것을 주시며 그릿 시냇가의 물을 마시게 하셨습니다. 그리고 그 곳에서 모든 것이 다 떨어지자 하나님은 이제 엘리야에게 사르밧 과부의 집으로 가라고 말씀하십니다.

사실 이 본문은 인간의 논리로 보면 말이 되지 않습니다. 어떻게 까마귀가 먹을 것을 갖다 줍니까? 하나님은 왜 가난한 과부의 집에서 먹고 죽으려고 한 것을 빼앗아 먹으라고 하십니까? 그러나 엘리야는 이 모든 것을 걱정할 필요가 없었습니다. 그 모든 것은 하나님이 말씀하셨기 때문입니다. 그래서 엘리야는 자기의 모든 생각을 버리고 "여호와의 말씀과 같이 하여 곧 가서" 순종했고, 그 결과 놀라운 기적을 경험했습니다.

사르밧 과부의 순종

사르밧 과부는 곡식 가루 한 움큼과 기름 조금밖에 없어서 그것으로 음식을 만들어 먹고 죽으려고 하였지만 하나님의 사람이 나타나서 도와주는 것이 아니라 조금밖에 없는 것을 빼앗아 먹으려고 합니다(왕상 17:11-16). 하지만 그러한 상황에서 사르밧 과부가 엘리야의 말에 순종한 이유가 무엇입니까? 사르밧 과부 또한 자기 생각을 포기하고 하나님의 말씀을 믿었기 때문입니다. 사실 엘리야의 말은 엘리야의 말이 아니라 하나님의 말씀이었습니다.

하나님께서 말씀하셨기 때문에 사르밧 과부는 자기 생각을 포기하고 순종했던 것입니다. 만약 열왕기상 17장 13절에서 "엘리야가 그에게 이르되 두려워하지 말고 가서 네 말대로 하려니와 먼저 그것으로 나를 위하여 작은 떡 한 개를 만들어 내게로 가져오고 그 후에 너와 네 아들을 위하여 만들라"는 말씀에서 여기까지 말씀하시고 다른 말씀을 하시지 않았다면 아마 과부는 순종하지 않았을 것입니다.

하지만 열왕기상 17장 13-14절에 "그 후에 너와 네 아들을 위하여 만들라 이스라엘의 하나님 여호와의 말씀이 나 여호와가 비를 지면에 내리는 날까지 그 통의 가루가 떨어지지 아니하고 그 병의 기름이 없어지지 아니하리라 하셨느니라"는 말씀이 있었기 때문에 사르밧 과부는 그 말씀을 믿고 순종하여 결국 기적을 체험할 수 있었던 것입니다.

빌립 집사의 순종

빌립 집사는 광야로 가라는 하나님의 명령에 순종합니다(행 8:26-40). 그러면 빌립 집사가 순종했던 이유는 무엇입니까? 빌립 또한 자기 생각을 포기했기 때문입니다. 빌립 집사는 순종하지 못할 많은 이유가 있었습니다. 그는 사마리아 성에서 전도자로 크게 쓰임을 받고 있었습니다. 광야에는 사람들이 살고 있는 곳이 아니기 때문에 얼마든지 순종하지 못할 이유를 말할 수 있었습니다.

하지만 빌립 집사는 그 즉시 순종합니다. 왜냐하면 성령 하나님께서 명령하셨기 때문입니다. 그는 하나님의 명령에 자기 생각을 굴복할 수밖에 없었습니다. 그러나 순종하고 보니 에디오피아의 내무부 장관인 내시를 만나 그를 구원하는 놀라운 역사가 일어납니다. 그를 통하여 아프리카에 복음이 들어가게 되는 계기를 마련했습니다. 이 얼마나 놀라운 순종의 역사입니까?

베드로의 순종

베드로는 깊은 대로 가서 그물을 내려 고기를 잡으라는 예수님의 명령에 순종합니다(눅 5:1-11). 그러면 베드로가 순종했던 이유는 무엇입니까? 베드로 또한 자기 생각을 포기했기 때문입니다. 베드로 또한 순종할 수 없었던 많은 이유를 가지고 있었습니다. 베드로의 경험에 의하면 그 시간에는 고기가 없는 시간입니다. 그리고 많은 사람들이 지켜보고 있습니다. 그러므로 베드로가 예수님의 명령에 순종하기가 쉽지 않았습니다. 그런 상황에서 베드로가 예수님의 명령에 순종한 것은 놀라운 순종입니다.

고기잡이 전문가인 어부가 목수에게 순종한 것이 기적입니다. 사실 베드로가 그날 고기를 잡지 못한 것도 기적입니다. 세상에 어느 어부가 밤을 세워가며 그물로 고기를 잡는데 어떻게 한 마리도 잡을 수가 없었겠습니까? 그러므로 혹시 예수님께서 베드로가 그물을 내릴 때마다 물고기들에게 그곳을 떠나라고 명령했기 때문이 아닐까요? 그런데 그런 상황에서 베드로가 다시 물고기를 잡은 것도 기적입니다. 베드로는 어떻게 이렇게 놀라운 기적을 경험할 수 있었습니까? 바로 베드로가 자기 생각을 버리고 주님의 말씀을 의지하여 순종했기 때문입니다(눅5:5-6).

그러므로 우리 그리스도인들은 하나님 앞에서 순종하지 못하는 이유를 대지 말아야 합니다. 모든 이유들을 과감하게 버리고 믿음으로 하나님의 말씀에 순종해야 합니다. 그러면 우리 또한 위대한 기적을 경험할 수 있습니다. 우리는 이해가 되지 않아도, 유익이 없어도, 하나님께 순종하되 즉각적으로 순종해야 합니다.

사랑을 행동으로 표현

순종이란 무엇입니까? 하나님을 사랑하는 것을 행동으로 표현하는 것이 순종입니다. 우리가 진정으로 하나님을 사랑한다면 하나님께 순종하는 것은 너무나 당연합니다. 우리가 하나님을 사랑한다면 우리는 하나님께 순종할 수밖에 없습니다. 그러므로 하나님을 사랑하는 것을 행동으로 표현하는 것이 순종입니다. 왜냐하면 사랑한다면 순종하기 때문입니다. 그래서 예수님은 이렇게 말씀하셨습니다.

"나의 계명을 가지고 지키는 자라야 나를 사랑하는 자니 나를 사랑하는 자는 내 아버지께 사랑을 받을 것이요 나도 그를 사랑하여 그에게 나를 나타내리라"(요 14:21)

우리가 순종하지 못하고 말로만 주님을 사랑한다고 고백한다면 진정으로 주님을 사랑하는 것이 아닙니다. 진정 그분의 말씀에 순종하는 사람이 하나님을 사랑하는 사람입니다. 이 말씀은 우리가 주님을 사랑하고 그분의 말씀에 순종할 때 예수님과 하나님 아버지께 사랑을 받을 수 있고 특별히 예수님께서 우리의 삶에 함께 해주신다고 말씀하고 있습니다. "그에게 나를 나타내리라" 이것은 교리적으로 나와 함께 하신 다는 것이 아닙니다. 진정 우리의 삶에 예수님의 도우심이 필요할 때마다 그분이 우리와 함께 해주시는 것입니다. "하나님을 사랑하는 것은 이것이니 우리가 그의 계명들을 지키는 것이라 그의 계명들은 무거운 것이 아니로다"(요일 5:3). 하나님을 진정으로 사랑한다면 하나님의 말씀을 순종하는 것이 무겁지 않습니다.

하나님을 진정으로 사랑하지 않기 때문에 하나님의 말씀에 순종하는 것이 어렵게 느껴지는 것입니다.

하나님을 감동시키는 것

순종이란 무엇입니까? 순종이란 하나님을 감동시키는 것입니다. 우리는 순종이란 어떤 행위가 아니라는 것을 알아야 합니다. 어떤 행위는 누구라도 할 수 있기 때문입니다. 바리새인들은 많은 행위들을 가지고 있었습니다. 그러므로 중요한 것은 어떤 행위가 아니라 왜 그 행동을 하는지 그 동기가 중요합니다. 하나님은 우리의 마음을 보시고, 우리의 중심을 보시기 때문입니다.

그래서 하나님은 다윗이 성전을 짓지 않았어도 이미 성전을 지은 것으로 받으셨습니다. 그러므로 우리가 순종할 때 하나님이 마음에 감동을 받으시고 우리를 축복해 주십니다. 순종을 통해서 하나님을 감동시켰던 사람들이 있습니다. 아브라함은 순종을 통해서 하나님을 감동시켰습니다. 하나님이 하나밖에 없는 아들을 드리라고 명령하자 아브라함은 그 즉시 순종했습니다. 그것이 마땅한 종의 자세요, 하나님을 경외하는 사람의 태도이기 때문입니다. 그래서 아브라함이 이삭을 드리라는 명령에 순종하였더니 하나님께서 "이제야 네가 나를 경외하는 것을 알았다"고 말씀하십니다. 다시 말해서 하나님께서 감동을 받으신 것입니다.

갈브레이스(John Galbraith)는 세계적인 경제학자입니다. 그는 하바드 대학의 교수로 오랫동안 지낸 뒤 2006년 4월에 타계하신 분입니다. 이 분은 명예박사 학위가 무려 45개나 됩니다. 그분은 루즈벨트, 투르만, 케네디, 존슨 대통령을 도와 많은 일을 했던 위대한 사람이었습니다. 그런데 이 분이 위대할 뿐만 아니라 그 집에서 일하는 에밀리(Emily Wilson)라는 가정부도 위해한 사람입니다. 어느 날 갈브레이스 박사가 몹시 지쳐서 집에 돌아왔습니다. 그러면서 가정부 에밀리에게 "잠깐 낮잠을 자고 일어나겠다고 하며 어떤 전화가 와도 깨우지 말라"고 부탁하였습니다. 그러자 조금 뒤에 당시 존슨 대통령에게서 전화가 왔습니다. 에밀리는 "지금 박사님께서 주무십니다. 박사님께서 어떤 경우에도 깨우지 말라"고 하셨습니다.

"나는 대통령이야"

"각하, 저는 대통령을 위하여 일하지 않고 갈브레이스 박사를 위하여 일합니다."

결국 존슨 대통령이 가정부에게 지고 말았습니다. 나중에 갈브레이스 박사가 백악관으로 전화를 했습니다. 그런데 존슨 대통령은 "그 여자를 내가 백악관에서 쓰고 싶네"라고 말했습니다. 결국 그녀가 순종함으로 대통령이 감동을 시켜 그녀는 백악관에서 일하는 특권을 누리게 되었습니다. 우리도 순종으로 하나님을 감동시키면 하나님께 위대하게 쓰임받을 수 있습니다.

"주는 나의 피난처"(Hiding place) 라는 유명한 책을 쓴 화란의 코리 텐 붐 여사라는 분이 있습니다. 이 코리 여사는 그리스도인인데, 유대인들을 숨겨준 죄로 나치 수용소에서 갖은 고초를 다 겪고 살아난 그리스도인입니다. 이 코리 여사가 80세가 되었을 때입니다. 덴마크에서 로마서 12장 1-2절의 말씀으로 "산제사"라는 제목으로 설교를 하고나니 젊은 간호사 두 사람이 자기 아파트에 가서 함께 점심식사를 하자며 초대를 하였습니다.

아파트에 가보니 그들의 집은 10층에 있는데 엘리베이터가 없었습니다. 걸어서 5층쯤 올라가니 심장박동이 빨라지면서 너무 힘들어서 더 이상 올라갈만한 힘이 없었습니다. 코리 여사는 여기서 죽는구나 하는 생각과 함께 그러나 "주께서 이유가 있어서 여기 보내셨겠지"하는 생각이 들어서 끝까지 순종하였습니다. 그 아파트에는 한 간호사의 부모가 있었습니다. 모두 복음을 듣고자 하는 마음의 준비가 되어 있는 분들이었습니다. 그날 코리 여사가 복음을 전해 두 사람이 구원을 받았습니다.

아파트를 내려오면서 코리 여사는 "주님, 10층까지 가게 하심을 감사합니다. 다음에 10층까지 걸어가라 해도 또 가겠습니다." 라고 고백했습니다. 주님은 순종하는 사람을 당신의 사역에 귀하게 쓰십니다. 하나님은 사람을 쓰실 때 다양한 사람들을 쓰시지만 특히 순종하는 사람을 사용하십니다. 그러므로 순종은 하나님을 감동시키는 것입니다. 이제 우리가 순종해야 하는 이유를 살펴보기 원합니다.

순종의 이유

첫째로 우리가 순종할 때 행복한 삶을 살 수 있기 때문입니다.

"이스라엘아 네 하나님 여호와께서 네게 요구하시는 것이 무엇이냐 곧 네 하나님 여호와를 경외하여 그의 모든 도를 행하고 그를 사랑하며 마음을 다하고 뜻을 다하여 네 하나님 여호와를 섬기고 내가 오늘 네 행복을 위하여 네게 명하는 여호와의 명령과 규례를 지킬 것이 아니냐"(신10:12-13)

이 말씀에 의하면 하나님이 우리에게 순종을 요구하시는 것은 하나님 자신을 위해서가 아니라 우리의 행복을 위해서 순종을 요구하시는 것을 보여 주고 있습니다. "내가 오늘 네 행복을 위하여 네게 명하는" 우리가 하나님의 말씀에 순종하면 우리가 행복해지는 것입니다.

"네가 네 하나님 여호와의 말씀을 삼가 듣고 내가 오늘 네게 명령하는 그의 모든 명령을 지켜 행하면 네 하나님 여호와께서 너를 세계 모든 민족 위에 뛰어나게 하실 것이라 네가 네 하나님 여호와의 말씀을 청종하면 이 모든 복이 네게 임하며 네게 이르리니 성읍에서도 복을 받고 들에서도 복을 받을 것이며 네 몸의 자녀와 네 토지의 소산과 네 짐승의 새끼와 소와 양의 새끼가 복을 받을 것이며 네 광주리와 떡 반죽 그릇이 복을 받을 것이며 네가 들어와도 복을 받고 나가도 복을 받을 것이니라"(신 28:1-6)

이 말씀은 우리가 하나님의 말씀에 순종하면 하나님께서 우리에게 엄청난 축복을 해주시겠다고 약속하고 계십니다. 하지만 이런 말씀도 있습니다. "만일 누구든지 주를 사랑하지 아니하면 저주를 받을지어다

우리 주여 오시옵소서 또는 우리 주께서 임하셨도다"(고전 16:22)

둘째로 우리가 순종할 때 평탄하고 성공하는 삶을 살 수 있기 때문입니다.

"오직 강하고 극히 담대하여 나의 종 모세가 네게 명령한 그 율법을 다 지켜 행하고 우로나 좌로나 치우치지 말라 그리하면 어디로 가든지 형통하리니 이 율법책을 네 입에서 떠나지 말게 하며 주야로 그것을 묵상하여 그 안에 기록된 대로 다 지켜 행하라 그리하면 네 길이 평탄하게 될 것이며 네가 형통하리라"(수 1:7-8)

이 말씀은 우리가 저절로 말씀에 순종하는 삶을 살게 되는 것이 아니라 그것이 어렵기 때문에 우리에게 담대함을 요구하고 있습니다. 그러므로 하나님의 말씀대로 순종하며 살기 위해서는 담대해야 합니다. 마음을 강하게 먹지 않으면 결코 우리는 순종할 수 없습니다. 먼저 마음을 강하게 하고 담대히 한 다음에 하나님의 말씀에 순종하라고 말씀하며 우리가 하나님의 말씀에 순종하기만 한다면 인생길에 어려움이 없고 평탄한 길을 걷게 되고 성공적인 삶을 살 수 있다고 약속하고 있습니다.

셋째로 우리가 순종할 때 평강을 얻기 때문입니다.

"네가 나의 명령에 주의하였더라면 네 평강이 강과 같았겠고 네 공의가 바다 물결 같았을 것이며"(사 48:18) 이 말씀은 하나님께서 매우 안타까워하시는 것을 볼 수 있습니다. 하나님의 백성들이 하나님의 말씀에 순종하기만 하면 마음에 평강을 얻을 수 있음에도 불구하고 순종하지 않아 어렵게 살아가는 백성들을 바라보니 하나님은 안타까운 마음을 표현하고 있습니다.

넷째로 우리가 순종하는 것이 하나님을 기쁘시게 해드리기 때문입니다.

"사무엘이 이르되 여호와께서 번제와 다른 제사를 그의 목소리를 청종하는 것을 좋아하심 같이 좋아하시겠나이까 순종이 제사보다 낫고 듣는 것이 숫양의 기름보다 나으니 이는 거역하는 것은 점치는 죄와 같고 완고한 것은 사신 우상에게 절하는 죄와 같음이라 왕이 여호와의 말씀을 버렸으므로 여호와께서도 왕을 버려 왕이 되지 못하게 하셨나이다 하니"(삼상 15:22-23)

하나님은 아멜렉을 안전히 진멸할 것을 명령했지만 사울 왕은 자기 생각에 좋은 것은 진멸하지 않고 남겨 놓았습니다. 사무엘이 사울 왕에게 왜 하나님의 말씀대로 순종하지 않았느냐고 지적할 때 그는 하나님께 제사로 드리려고 남겨 놓았다고 핑계를 됩니다. 그때 사무엘이 순종이 제사보다 낫다고 말씀하고 계십니다. 그러나 불순종하고 거역하는 것은 우상숭배의 죄와 같은 죄라고 지적하고 있습니다. 우리 하나님은 무엇보다도 우리가 순종하는 것을 매우 기뻐하십니다.

다섯째로 우리가 순종할 때 열매 맺는 삶을 살 수 있기 때문입니다.

"내 안에 거하라 나도 너희 안에 거하리라 가지가 포도나무에 붙어 있지 아니하면 스스로 열매를 맺을 수 없음 같이 너희도 내 안에 있지 아니하면 그러하리라 나는 포도나무요 너희는 가지라 그가 내 안에,

내가 그 안에 거하면 사람이 열매를 많이 맺나니 나를 떠나서는 너희가 아무 것도 할 수 없음이라"(요 15:4-5) 이 말씀에서는 주님 안에 거하는 삶을 순종하는 삶으로 나타내고 있습니다. 예수님의 말씀 안에 거하는 것은 생활 가운데서 말씀을 지속적으로 순종하는 것입니다. 이때 우리는 열매 맺는 삶을 살 수 있습니다.

어떻게 순종할 수 있는가?

우리 그리스도인은 사실 순종하기 위해서 존재합니다. 그러나 우리는 아무에게나 순종하는 것이 아닙니다. 우리는 하나님께 순종합니다. 그럼에도 불구하고 많은 그리스도인들이 하나님께 순종하지 않고 자기 마음대로 살아갑니다. 그러면 우리는 어떻게 우리를 구원해 주신 하나님께, 우리를 사랑해주신 하나님께, 하나밖에 없는 아들까지 내어주신 하나님께 순종할 수 있겠습니까? 그 비결이 무엇입니까?

첫째, 하나님께 순종하는 비결은 하나님을 바로 아는 것입니다.

우리가 하나님을 바로 알면 하나님께 순종할 수 있습니다. 그러면 하나님은 어떤 분이십니까? 우리 하나님은 우리를 인격적으로 대우해 주시는 분이십니다. 우리 하나님께서 우리를 인격적으로 대우해 주시기 때문에 우리는 하나님께 순종할 수 있습니다. 하나님은 진정 우리를 인격적으로 대우해 주십니다. 하나님은 결코 우리의 인격을 무시하시는 분이 아니십니다. 하나님은 결코 우리를 다루실 때 폭력을 사용하시지 않습니다. 인격을 가지신 하나님은 우리를 인격적으로 인도하십니다. 하나님은 먼저 우리에게 성령을 보내주셔서 우리를 인도하십니다. 성령으로 진리를 깨닫게 하십니다. 하나님은 성령으로 우리에게 감동을 주십니다. 그래서 하나님은 우리를 억지로 끌고 가시는 분이 아니라 우리를 인도해 가십니다.

하나님은 우리를 자유의지를 가진 존재로 창조해 주셨습니다. 그러므로 하나님은 우리의 자유의지를 존중해 주십니다. 만약 하나님이 우리에게 폭력을 사용하신다면 하나님 스스로 창조의 법칙을 어기는 것입니다. 그러므로 우리는 스스로 자원해서 즐거운 마음으로 순종해야 합니다. 이것이 진정한 순종입니다. 하나님이 먼저 우리를 인격적으로 대우해 주셨으니 우리도 하나님을 인격적으로 대우해 드려야 합니다.

둘째, 하나님께 순종하는 비결은 하나님의 사랑을 깊이 깨닫는 것입니다.

하나님이 먼저 우리를 사랑해 주셨기 때문에 우리도 당연히 하나님을 사랑해야 합니다. 그러므로 그리스도인의 가장 큰 죄는 하나님의 사랑과 은혜를 받고도 감사하지 못하고 보답할 줄 모르는 것입니다. 그러므로 진정한 사랑이란 서로 주고받는 것입니다. 일방적인 사랑은 진정한 사랑이 아닙니다. 그래서 하나님은 우리에게 사랑을 강력하게 요구하십니다. 하나님은 성경을 통해서 "너희의 모든 것을 다하여 나를 사랑하라"고 명령하십니다.

마태복음 20장 1절에서 16절에 등장하는 포도원의 비유에서 제일 먼저 온 일군이 온종일 일하고도 나중에 주인에게 책망을 받은 이유는 주인에게 받은 은혜와 감사를 상실하였기 때문입니다. 우리 그리스도인의 타락은 은혜를 상실하고, 감사를 상실하고, 즐거움 마음을 상실한 것입니다. 그러므로 우리의 신앙의 인격이 다듬어 지지 않으면 우리의 신앙생활이 매우 어려워집니다. 그리스도인의 인격이란 상대방을 배려하는 마음이요, 상대방의 마음을 헤아려 주는 것입니다. 그래서 강도는 참된 인격자가 될 수 없습니다. 왜냐하면 상대방에 대한 배려가 전혀 없기 때문입니다. 그러므로 우리가 신앙의 인격이 바로 세워지면 하나님의 마음을 헤아려 알고, 하나님께서 원하시는 대로 반응하며, 하나님께 순종할 수 있습니다. 우리가 신앙의 참된 인격자가 되면 우리는 스스로 자원해서 즐거운 마음으로 하나님께 순종할 수 있습니다. 그리고 우리가 하나님께 순종할 때 우리의 신앙생활은 놀랍게 변화될 수 있습니다.

역대상 29장 1-17절의 말씀을 살펴보십시오. 다윗은 역대상 28장에서 자기 아들 솔로몬에게 성전을 잘 지을 것을 부탁합니다. 그리고 29장에서는 온 이스라엘 백성들을 모아놓고 이 성전은 인간을 위한 것이 아니고 하나님을 위한 것이라고 말합니다. 그리고 "오늘 누가 즐거이 손에 채워 여호와께 드리겠느냐"(대상 29:5)고 도전하였습니다. 그 결과 이스라엘의 모든 지도자들과 모든 백성들이 다윗의 말을 듣고 감동을 받아 즐거운 마음으로 하나님께 풍성하게 드렸습니다. 그것을 지켜보던 다윗은 마음에 감동을 받고 감격하여 기쁨을 이기지 못합니다. 그래서 역대상 29장에는 '즐거이 드린다.'는 표현이 7번이나 기록되어 있습니다.

그러므로 우리도 하나님을 바로 알되 그분이 인격적인 하나님이라는 사실을 알고 하나님께 순종할 때 스스로, 자원해서, 즐거운 마음으로 순종해야 합니다. 그것이 진정한 순종이 될 수 있습니다.

셋째, 하나님께 순종의 비결은 주인 되시는 하나님을 바로 아는 것입니다.

우리 하나님은 우리의 주인이 되시는 분이십니다. 그러므로 우리는 하나님의 주권을 인정하고 하나님께 순종해야 합니다. 역대상 29장 11-12절을 보십시오.

"여호와여 위대하심과 권능과 영광과 승리와 위엄이 다 주께 속하였사오니 천지에 있는 것이 다 주의 것이로소이다 여호와여 주권도 주께 속하였사오니 주는 높으사 만물의 머리이심이니이다 부와 귀가 주께로 말미암고 또 주는 만물의 주재가 되사 손에 권세와 능력이 있사오니 모든 사람을 크게 하심과 강하게 하심이 주의 손에 있나이다"

이 말씀에 보면 이 세상의 모든 것이 다 하나님께 속하여 있다고 말씀합니다. 위대하심, 권능, 영광, 승리, 위엄, 하늘과 땅에 있는 모든 것, 부귀, 모든 사람을 크게 하시는 것, 강하게 하시는 것이 다 주님께 속하여 있습니다. 특별히 이 말씀은 주권도 하나님께 속하여 있다고 말씀하고 있습니다. 그러므로 우리 하나님은 우리의 주인이 되십니다. 그러므로 주권과 순종은 함께 갑니다. 그러므로 우리는 하나님의 주권을 인정하고 순종해야 합니다. 하나님은 우리의 주인이심에도 불구하고 우리를 인격적으로 대우해주시니 우리는 더 즐거운 마음으로 순종해야 합니다.

넷째, 하나님께 순종의 비결은 하나님이 모든 것을 다 주셨다는 것을 깨닫는 것입니다.

하나님께서 모든 것을 우리에게 주셨으니 우리는 겸손한 마음으로 하나님께 순종해야 합니다. 그래서 다윗은 이렇게 고백합니다. "나와 내 백성이 무엇이기에 이처럼 즐거운 마음으로 드릴 힘이 있었나이까 모든 것이 주께로 말미암았사오니 우리가 주의 손에서 받은 것으로 주께 드렸을 뿐이니이다"(대상 29:14)

우리는 여기서 다윗의 자랑이나 교만을 찾아 볼 수 없습니다. 그는 말합니다. "하나님께서 모든 것을 다 주셨습니다. 그래서 우리는 하나님의 것을 하나님께 돌려 드렸을 뿐입니다." 이 얼마나 놀라운 겸손입니까? 이렇게 겸손할 때 우리는 하나님께 순종할 수 있습니다. 그리고 겸손한 태도로 하나님께 순종할 때 하나님은 우리에게 놀랍게 축복해 주십니다.

다섯째, 하나님께 순종의 비결은 하나님과 한 팀이 되는 비결을 발견하는 것입니다.

우리가 하나님께 순종하면 그때 하나님은 우리를 지배하십니다. 하나님이 우리를 지배하시면 지배하는 그 상태가 바로 순종입니다. 우리가 하나님께 순종하면 우리는 하나님과 한 팀이 되는 것입니다. 우리가 하나님께 순종할 때 우리는 하나님과 함께 일하는 동역자가 되는 것입니다. 그 때 우리는 이 세상에서 가장 강력한 팀이 됩니다.

그 결과 우리는 하나님의 놀라운 기적을 경험할 수 있습니다. 기적이란 하나님이 우리의 삶에 개입하시므로 인간의 법칙이 깨어지는 것입니다. 구원의 기적이 무엇입니까? 하나님이 우리의 인생에 개입하시므로 죄와 사망의 법칙이 깨어지는 것입니다.

베드로가 '물위를 걸어오라'는 주님의 명령에 순종했습니다. 그러자 자연의 법칙이 깨어져 베드로는 바다 위를 걷는 놀라운 기적을 체험했습니다. 사도 바울이 하나님의 말씀에 순종하자 하나님이 바울의 삶에 개입하셔서 놀라운 기적이 일어났습니다.

"바울이 문안하고 하나님이 자기의 사역으로 말미암아 이방 가운데서 하신 일을 낱낱이 말하니 그들이 듣고 하나님께 영광을 돌리고, 이를 위하여 나도 내 속에서 능력으로 역사하시는 이의 역사를 따라 힘을 다하여 수고하노라, 그러나 내가 나 된 것은 하나님의 은혜로 된 것이니 내게 주신 그의 은혜가 헛되지 아니하여 내가 모든 사도보다 더 많이 수고하였으나 내가 한 것이 아니요 오직 나와 함께 하신 하나님의 은혜로라"(행 21:19-20, 골 1:29, 고전 15:10)

하지만 우리가 하나님께 불순종하면 하나님은 우리의 인생에 개입하시지 않으십니다. 그 결과 우리는 기적을 경험할 수 없습니다. 그러므로 우리가 하나님의 기적을 경험하기 원하신다면 하나님께 순종해야 합니다. 이제 우리는 하나님을 바로 알고 하나님께 순종해야 합니다. 그리하여 하나님과 함께 한 팀이 됨으로 말미암아 놀라운 하나님의 기적을 체험하고 하나님께 영광을 돌려야 합니다.

여섯째, 하나님께 순종의 비결은 하나님께 모든 것을 맡기고 목숨을 걸어야 합니다.

페르시아 제국의 127도를 다스리는 아하수에르 왕 때 하만의 계략으로 유대인 전부가 몰살당할 위기에 처해 있었습니다. "이에 그 조서를 역졸에게 맡겨 왕의 각 지방에 보내니 열두째 달 곧 아달월 십삼일

하루 동안에 모든 유다인을 젊은이 늙은이 어린이 여인들을 막론하고 죽이고 도륙하고 진멸하고 또 그 재산을 탈취하라 하였고"(에 3:13) 12월 30일 하루 동안에 유대인 남녀노소, 즉 어린이와 여인들을 다 죽이라는 명령이 내려졌습니다. 이 위기의 순간에 에스더의 삼촌 모르드개가 왕비 에스더에게 왕 앞에 나아가 민족을 구하라는 명령을 내립니다.

"또 유다인을 진멸하라고 수산 궁에서 내린 조서 초본을 하닥에게 주어 에스더에게 보여 알게 하고 또 그에게 부탁하여 왕에게 나아가서 그 앞에서 자기 민족을 위하여 간절히 구하라 하니 하닥이 돌아와 모르드개의 말을 에스더에게 알리매 에스더가 하닥에게 이르되 너는 모르드개에게 전하기를 왕의 신하들과 왕의 각 지방 백성이 다 알거니와 남녀를 막론하고 부름을 받지 아니하고 안뜰에 들어가서 왕에게 나아가면 오직 죽이는 법이요 왕이 그 자에게 금 규를 내밀어야 살 것이라 이제 내가 부름을 입어 왕에게 나아가지 못한 지가 이미 삼십 일이라 하라 하니라 그가 에스더의 말을 모르드개에게 전하매 모르드개가 그를 시켜 에스더에게 회답하되 너는 왕궁에 있으니 모든 유다인 중에 홀로 목숨을 건지리라 생각하지 말라 이 때에 네가 만일 잠잠하여 말이 없으면 유다인은 다른 데로 말미암아 놓임과 구원을 얻으려니와 너와 네 아버지 집은 멸망하리라 네가 왕후의 자리를 얻은 것이 이 때를 위함이 아닌지 누가 알겠느냐 하니"(에 4:8-14)

이 소식을 들은 에스더 왕비는 불순종의 이유와 상황과 여건들은 많이 가지고 있었습니다. 에스더 왕비는 왕이 부르기 전에는 나아갈 수가 없었습니다. 그리고 이미 왕 앞에 나아가지 못한지가 30일이나 되었습니다. "왕의 신하들과 왕의 각 지방 백성이 다 알거니와 남녀를 막론하고 부름을 받지 아니하고 안뜰에 들어가서 왕에게 나가면 오직 죽이는 법이요 왕이 그 자에게 금 규를 내밀어야 살 것이라 이제 내가 부름을 입어 왕에게 나가지 못한 지가 이미 삼십 일이라 하라 하니라"(에 4:11)

이러한 상황에서 에스더 왕비가 어떻게 순종할 수 있었습니까? 모든 이유와 불리한 상황과 여건들을 다 물리치고 순종할 수 있었던 비결은 하나님께 맡기고 기도하는 것입니다. 그러므로 수산에 있는 모든 유대인들이 다 모여서 3일 동안 자신을 위해서 금식기도를 해달라고 부탁한 것입니다. 그리고 자신도 시녀와 함께 금식기도를 합니다. 이것은 자신을 포기하고 하나님을 의뢰하는 표현입니다. 그리고 죽기를 각오하고 에스더 왕비는 순종하였습니다.

"에스더가 모르드개에게 회답하여 이르되 당신은 가서 수산에 있는 유다인을 다 모으고 나를 위하여 금식하되 밤낮 삼 일을 먹지도 말고 마시지도 마소서 나도 나의 시녀와 더불어 이렇게 금식한 후에 규례를 어기고 왕에게 나아가리니 죽으면 죽으리이다 하니라 모르드개가 가서 에스더가 명령한 대로 다 행하니라"(에 4:15-17)

"죽으면 죽으리이다" 이렇게 결단을 내리고 순종했던 것입니다. 그러면 그 순종의 결과는 어떠하였습니까? 실로 위대한 순종의 결과는 엄청난 것이었습니다. 유대인의 원수 하만이 죽고, 그의 10명의 아들도 죽고, 유대인들을 괴롭히는 사람들이 수도 수산성에서 800명이 나 죽고, 전체 페르시아제국에서 7만 5천명이 죽었습니다. "에스더가 왕

앞에 나아감으로 말미암아 왕이 조서를 내려 하만이 유다인을 해하려던 악한 꾀를 그의 머리에 돌려보내어 하만과 그의 여러 아들을 나무에 달게 하였으므로, 왕의 각 지방에 있는 다른 유다인들이 모여 스스로 생명을 보호하여 대적들에게서 벗어나며 자기들을 미워하는 자 칠만 오천 명을 도륙하되 그들의 재산에는 손을 대지 아니하였더라"(에 9:25, 16) 진실로 한 사람의 순종의 유력은 엄청납니다. 그러므로 우리도 죽기를 각오하고 하나님께 모든 것을 다 내려놓고 순종해야 합니다.

누구에게 순종해야 하는가?

첫째로 하나님 말씀에 순종해야 합니다.

"오직 강하고 극히 담대하여 나의 종 모세가 네게 명령한 그 율법을 다 지켜 행하고 우로나 좌로나 치우치지 말라 그리하면 어디로 가든지 형통하리니 이 율법책을 네 입에서 떠나지 말게 하며 주야로 그것을 묵상하여 그 안에 기록된 대로 다 지켜 행하라 그리하면 네 길이 평탄하게 될 것이며 네가 형통하리라, 너희가 나를 사랑하면 나의 계명을 지키리라, 나의 계명을 지키는 자라야 나를 사랑하는 자니 나를 사랑하는 자는 내 아버지께 사랑을 받을 것이요 나도 그를 사랑하여 그에게 나를 나타내리라"(수 1:7-8, 요 14:15, 요 14:21)

둘째로 영적인 지도자에게 순종해야 합니다.

"너희를 인도하는 자들에게 순종하고 복종하라 그들은 너희 영혼을 위하여 경성하기를 자신들이 청산할 자인 것 같이 하느니라 그들로 하여금 즐거움으로 이것을 하게 하고 근심으로 하게 하지 말라 그렇지 않으면 너희에게 유익이 없느니라, 젊은 자들아 이와 같이 장로들에게 순종하고 다 서로 겸손으로 허리를 동이라 하나님은 교만한 자를 대적하시되 겸손한 자들에게는 은혜를 주시느니라 그러므로 하나님의 능하신 손 아래에서 겸손하라 때가 되면 너희를 높이시리라"(히 13:17, 벧전 5:5-6)

셋째로 부모님께 순종해야 합니다.

"자녀들아 주 안에서 너희 부모에게 순종하라 이것이 옳으니라, 자녀들아 모든 일에 부모에게 순종하라 이는 주 안에서 기쁘게 하는 것이니라"(엡 6:1, 골 3:20)

넷째로 모든 권세 자들에게 순종해야 합니다.

"각 사람은 위에 있는 권세들에게 복종하라 권세는 하나님으로부터 나지 않음이 없나니 모든 권세는 다 하나님께서 정하신 바라 그러므로 권세를 거스르는 자는 하나님의 명을 거스름이니 거스르는 자들은 심판을 자취하리라 다스리는 자들은 선한 일에 대하여 두려움이 되지 않고 악한 일에 대하여 되나니 네가 권세를 두려워하지 아니하려느냐 선

을 행하라 그리하면 그에게 칭찬을 받으리라"(롬 13:1-3)

다섯째로 아내는 남편에게 순종해야 합니다.

"아내들이여 자기 남편에게 복종하기를 주께 하듯 하라 이는 남편이 아내의 머리 됨이 그리스도께서 교회의 머리 됨과 같음이니 그가 바로 몸의 구주시니라, 아내들아 남편에게 복종하라 이는 주 안에서 마땅하니라, 아내들아 이와 같이 자기 남편에게 순종하라 이는 혹 말씀을 순종하지 않는 자라도 말로 말미암지 않고 그 아내의 행실로 말미암아 구원을 받게 하려 함이니 너희의 두려워하며 정결한 행실을 봄이라 너희의 단장은 머리를 꾸미고 금을 차고 아름다운 옷을 입는 외모로 하지 말고 오직 마음에 숨은 사람을 온유하고 안정한 심령의 썩지 아니할 것으로 하라 이는 하나님 앞에 값진 것이니라 전에 하나님께 소망을 두었던 거룩한 부녀들도 이와 같이 자기 남편에게 순종함으로 자기를 단장하였나니 사라가 아브라함을 주라 칭하여 순종한 것 같이 너희는 선을 행하고 아무 두려운 일에도 놀라지 아니하면 그의 딸이 된 것이니라"(엡 5:22-23, 골 3:18, 벧전 3:1-6)

여섯째로 육체의 상전에게 순종해야 합니다.

"종들아 두려워하고 떨며 성실한 마음으로 육체의 상전에게 순종하기를 그리스도께 하듯 하라 눈가림만 하여 사람을 기쁘게 하는 자처럼 하지 말고 그리스도의 종들처럼 마음으로 하나님의 뜻을 행하고 기쁜 마음으로 섬기기를 주께 하듯 하고 사람들에게 하듯 하지 말라 이는 각 사람이 무슨 선을 행하든지 종이나 자유인이나 주께로부터 그대로 받을 줄을 앎이라, 종들아 모든 일에 육신의 상전들에게 순종하되 사람을 기쁘게 하는 자와 같이 눈가림만 하지 말고 오직 주를 두려워하여 성실한 마음으로 하라 무슨 일을 하든지 마음을 다하여 주께 하듯 하고 사람에게 하듯 하지 말라 이는 기업의 상을 주께 받을 줄 아나니 너희는 주 그리스도를 섬기느니라"(엡 6:5-8, 골 3:22-24)

순종의 자세는 어떠해야 하는가?

첫째로 즐거운 마음으로 순종해야 합니다. "너희가 즐겨 순종하면 땅의 아름다운 소산을 먹을 것이요"(사 1:19)

둘째로 신속히 순종해야 합니다. "내가 내 행위를 생각하고 주의 증거들을 향하여 내 발길을 돌이켰사오며 주의 계명들을 지키기에 신속히 하고 지체하지 아니하였나이다"(시 119:59-60) 대부분 성경의 인물들이 하나님께 순종할 때는 하나님의 말씀을 듣고 그 즉시 순종했습니다. 사도행전 8장에서 초대교회의 일곱 집사 중의 한 사람인 빌립 집사가 광야로 가라는 말씀에 즉시 순종했으며, 누가복음 5장에서 그물을 내리라는 예수님의 명령에 베드로는 즉시 순종했으며, 아브라함도 본토 친척집을 떠나라는 하나님의 명령에 즉시 순종했습니다. 순종하지 못할 환경이 눈앞에 있음에도 불구하고 전혀 핑계를 되지 않고 순종했습니다. 역시 하나님께 순종할 때는 신속하게 순종해야 합니다.

셋째로 끝까지 순종해야 합니다. "여호와여 주의 율례들의 도를 내게 가르치소서 내가 끝까지 지키리이다"(시 119:33) 여호수아처럼 죽음을 눈앞에 기다리면서도 자신의 신앙을 고백하며 끝까지 하나님께 순종하고 하나님 말씀에 순종하며 하나님만을 섬길 것을 권면하는 신실함이 있어야 합니다. "만일 여호와를 섬기는 것이 너희에게 좋지 않게 보이거든 너희 조상들이 강 저쪽에서 섬기던 신들이든지 또는 너희가 거주하는 땅에 있는 아모리 족속의 신들이든지 너희가 섬길 자를 오늘 택하라 오직 나와 내 집은 여호와를 섬기겠노라 하니"(수 24:15)

넷째로 전심으로 순종해야 합니다. "나로 하여금 깨닫게 하여 주소서 내가 주의 법을 준행하며 전심으로 지키리이다"(시 119:34) 다섯째로 믿음으로 순종해야 합니다.

"믿음으로 아브라함은 부르심을 받았을 때에 순종하여 장래의 유업으로 받을 땅에 나아갈새 갈 바를 알지 못하고 나아갔으며, 시몬이 대답하여 이르되 선생님 우리들이 밤이 새도록 수고하였으되 잡은 것이 없지마는 말씀에 의지하여 내가 그물을 내리리이다 하고"(히 11:8, 눅 5:5)

순종의 결과는 무엇인가?

순종은 기적을 체험하게 합니다. 엘리야가 순종하니까 신기한 기적이 일어납니다. 까마귀가 아침과 저녁으로 음식을 가져다줍니다. "그가 여호와의 말씀과 같이 하여 곧 가서 요단 앞 그릿 시냇가에 머물매 까마귀들이 아침에도 떡과 고기를, 저녁에도 떡과 고기를 가져왔고 그가 시냇물을 마셨으나"(왕상 17:5-6) 분명히 기적은 말씀의 순종의 결과였습니다. 그는 떡과 고기만 먹은 것이 아니라 자신이 순종했더니 이러한 기적을 체험하구나 하며 자신이 하나님의 말씀에 순종한 것을 감사했을 것입니다. 하나님이 자신과 함께 하신다는 확신이 생겼습니다. 수 년 동안 비가 오지 않아도 하나님만 의지하면 절대로 굶어 죽지 않는다는 확신도 생겼습니다. 사르밧 과부도 순종하니까 엄청난 기적이 일어났습니다.

"그가 가서 엘리야의 말대로 하였더니 그와 엘리야와 그의 식구가 여러 날 먹었으나 여호와께서 엘리야를 통하여 하신 말씀 같이 통의 가루가 떨어지지 아니하고 병의 기름이 없어지지 아니하니라"(왕상 17:15-16)

그러므로 우리도 하나님께 순종하면 이러한 축복을 경험할 수 있습니다. 우리도 하나님께 순종하면 기적을 경험할 수 있습니다. 그 때나 지금이나 그리스도인의 신앙생활 자세는 순종하는 삶을 살아야 합니다. 이제 우리는 우리 하나님께서 말씀하시면 그 즉시 순종해야 합니다. 바로 우리는 이 순종을 통하여 하나님의 기적을 경험하고, 하나님의 축복을 경험하고, 우리의 신앙이 성장해야 합니다. 우리가 말씀에 순종하지 않는 한 우리는 기적도 축복도 경험할 수 없고, 우리의 신앙도 성장할 수 없습니다. 오늘날에도 하나님의 말씀에 순종하면 하나님은 까마귀들을 보내주십니다. 이제 모든 불순종의 이유를 물리치고 하나님이 가장 기뻐하시는 순종하는 삶을 살아가야 합니다.

순종과 권세와 능력

하나님이 우리에게 주신 권세와 능력은 우리가 순종할 때 역사합니다. 모든 크리스천은 모두 동일한 권세를 가지고 있습니다. 하지만 우리에게 있는 권세와 능력은 우리가 하나님께 순종할 때 역사합니다. 우리 크리스천은 예수님과의 친밀한 관계를 유지하고 죄로부터 분리된 순결한 삶을 살아가며 순종할 때 우리가 가진 모든 권세를 사용할 수 있습니다. 그러므로 예수님은 하나님이 우리에게 주신 권세가 어떻게 역사하는지 말씀하셨습니다.

"너희가 내 안에 거하고 내 말이 너희 안에 거하면 무엇이든지 원하는 대로 구하라 그리하면 이루리라 너희가 열매를 많이 맺으면 내 아버지께서 영광을 받으실 것이요 너희는 내 제자가 되리라 아버지께서 나를 사랑하신 것 같이 나도 너희를 사랑하였으니 나의 사랑 안에 거하라 내가 아버지의 계명을 지켜 그의 사랑 안에 거하는 것 같이 너희도 내 계명을 지키면 내 사랑 안에 거하리라"(요 15:7-10)

그러므로 우리가 예수님과 친밀한 관계가운데 순종할 때 권세와 능력이 나타납니다. 예수님의 권세와 능력이 하나님 아버지와의 친밀함을 통하여 유지되었던 것처럼, 우리의 권세와 능력도 예수님과의 친밀한 관계 속에서 유지됩니다. 그러므로 예수님은 순종하는 자에게 만국을 다스릴 권세를 주시겠다고 말씀하셨습니다. "이기는 자와 끝까지 내 일을 지키는 그에게 만국을 다스리는 권세를 주리니"(계 2:26)

이제 우리가 예수님께 순종하여 권세와 능력을 부여받아 이 세상을 통치하고 다스리고 왕노릇해야 합니다. 권세와 능력은 사탄에게 있는 것이 아니라 우리에게 있습니다. 그러므로 우리는 패배할 이유가 없습니다. 이제 우리는 권세와 능력으로 마귀 사탄의 포로가 된 자들을 풀어 주는 일을 해야 합니다. 이것이 우리의 사명입니다.

인간이 죄를 범한 후에도 인간은 하나님께 순종함으로 하나님의 권세와 능력을 부여받았습니다. 인간이 타락하여 물로 심판을 받을 때에 노아는 하나님의 말씀에 순종하여 인류를 구원할 권세와 능력을 받았습니다. 아브라함도 하나님의 말씀에 순종하여 믿음의 조상이 되어 많은 민족을 축복할 수 있는 권세와 능력을 받았습니다. 모세도 하나님의 말씀에 순종하여 하나님의 백성들을 애굽에서 구원하여 약속의 땅으로 인도할 권세와 능력을 받았습니다.

하나님은 오늘도 순종할 사람을 찾고 계십니다. 하나님의 사람들이 훈련을 통하여 순종을 배우고, 그 순종을 실천할 때 하늘의 권세와 능력을 부여받아 세상을 정복할 수 있습니다. 하나님은 순종하는 사람들을 통해 하나님의 역사를 이루십니다. 순종과 권세와 능력은 상호연관성이 있습니다. 순종하면 권세와 능력이 부여되고, 불순종하면 권세와 능력을 빼앗깁니다.

여호수아 6장을 보십시오. 이스라엘 백성들이 하나님께 순종했을 때 철옹벽으로 세워진 여리고성이 무너졌습니다. 그러나 여호수아 7장을 보면 단 한 사람이 불순종하므로 이스라엘 군대는 패배했습니다. 그렇습니다. 순종하면 권세와 능력으로 승리할 수 있지만, 불순종하면 권세와 능력이 나타나지 않아 패배할 수밖에 없습니다.

순종과 불순종의 위력

예수님은 순종할 때 권세가 나타남을 명백하게 보여 주셨습니다. 그분이 하나님의 아들로서 온전히 순종하였을 때 하나님 나라의 통치가 이루어졌습니다. 예수님께서는 고난을 통해 순종함을 배워서 온전하게 되셨습니다. 왕으로서 온 세상을 다스릴 통치권을 얻으셨습니다. 그리하여 예수님께 순종하는 우리에게 영원한 구원의 근원이 되셨습니다.

"그는 육체에 계실 때에 자기를 죽음에서 능히 구원하실 이에게 심한 통곡과 눈물로 간구와 소원을 올렸고 그의 경건하심으로 말미암아 들으심을 얻었느니라 그가 아들이시면서도 받으신 고난으로 순종함을 배워서 온전하게 되셨은즉 자기에게 순종하는 모든 자에게 영원한 구원의 근원이 되시고"
(히 5:7-9)

예수님의 순종의 위력은 너무도 엄청난 결과를 가져왔습니다. 아담의 불순종과 예수 그리스도의 순종을 비교해 보십시오(롬 5:12-21). 한 사람 아담의 불순종도 엄청난 영향력이 있었습니다. 아담이 불순종함으로 세상의 모든 사람이 불순종하게 되었습니다. 그리고 모든 인간이 죄를 범하고 죽게 되었습니다. 사망이 권세와 능력으로 왕 노릇을 하였습니다.

아담이 무슨 죄를 범하였습니까? 간음, 간통, 도박, 살인, 미움, 다툼, 질투, 용서하지 않는 죄입니까? 도대체 아담이 무슨 죄를 지었기에 온 인류가 타락하고 환경이 파괴되고 저주를 받았습니까? 아담은 하나님의 말씀에 불순종했던 것입니다. 단지 그 한 가지 죄였습니다. 결국 한 사람의 순종치 아니함으로 많은 사람이 죄인이 된 것입니다. 그래서 불순종의 죄가 그렇게 무서운 것입니다. 순종하면 축복을 받고 불순종하면 저주를 받습니다. 그래서 솔로몬은 우리가 따라야할 진정한 교훈을 제시합니다. "일의 결국을 다 들었으니 하나님을 경외하고 그의 명령을 지킬지어다 이것이 모든 사람의 본분이니라"(전 12:13)

그러나 오늘날 많은 크리스천들은 순종하지 않아도 '하나님은 우리를 있는 그대로 받아 주신다'라고 말합니다. 우리가 불순종하지만 사랑의 하나님이시기 때문에 우리를 버리지 않고 축복해 주신다고 말합니다. 그러나 이 같은 생각은 완전한 착각입니다. 그러므로 아나니아와 삽비라는 죄를 범함으로 죽고 말았습니다. 하나님은 가인의 제물과 가인까지도 받지 않으셨습니다. 그러므로 순종은 축복을 가져오지만 불순종은 항상 저주를 불러들입니다.

그래서 어떤 사람은 교회를 다니면서도 여러 가지 이유로 핑계를 대면서 계속 불순종하며 살아갑니다. 그들은 불순종이 얼마나 심각한 죄인지 모릅니다. 그래서 그들의 삶에 위기가 끊이지 않습니다. 도저히 감당할 수 없는 문제가 늘 찾아옵니다. 하나의 문제가 해결되자 또 다른 문제가 찾아옵니다. 이런 문제들은 시간과 에너지를 빼앗아 가고 삶을 어둡게 만듭니다. 어둠의 세력이 역사하므로 상황이 점점 더 악화됩니다. 최악의 경우 우리를 향한 하나님의 보호하심과 공급하심이 막히게 됩니다. 이 얼마나 비참한 일입니까?

불순종과 은밀한 세력

불순종 뒤에는 은밀한 세력이 역사합니다. 그러므로 불순종은 불법이며, 불법에는 비밀이 들어 있습니다. "불법의 비밀이 이미 활동하였으나"(살후 2:7) 불법 뒤에는 은밀한 세력이 역사합니다. 바로 어둠의 세력이 역사하고 있고, 마귀 사탄이 역사하고 있습니다. 그는 공중의 권세 잡은 자로서 불순종한 사람들을 자기 마음대로 이끌어서 저주를 당하게 합니다. 오늘날 수많은 사람들이 불순종에 빠지는 것은 마귀가 역사하고 있기 때문입니다. 그래서 교회를 다니는 사람들이 자기가 하는 일이 잘못된 일이라는 것을 알면서도 하나님의 말씀에 순종하지 않습니다. 그들은 하나님의 진리에 무지하여 어두움의 세력에 사로잡힙니다. "그러므로 내 백성이 무지함으로 말미암아 사로잡힐 것이요"(사 5:13)

그래서 존 비비어는 '불순종의 죄가 얼마나 무서운가'에 대한 이야기를 쓰고 있습니다.

"불순종하기 전에는 미움, 분노, 용서하지 않는 마음, 다툼, 험담, 타락, 사기, 원한, 착취가 없었다. 성도착, 약물 남용, 술 취함, 살인, 절도도 없었다. 배우자 구타나 자녀 학대도 없었다. 질병과 빈곤도 없었다. 자연 재해, 역병, 전염병도 없었다. 동물들은 완전한 조화 속에 살았다. 하나님의 뜻이 모든 피조 세계를 다스리시는 가운데 지구는 안정되어 있었다. 불순종은 인류를 괴롭히는 온갖 무시무시한 문제를 불러왔다. 세대가 지날수록 문제는 종류도 많아지고 점점 추악해졌다. 아담과 하와가 한 번 불순종한 것이 불법이라는 은밀한 세력이 활동하는 서막이 되었다. 미혹당한 인간은 하나님의 공급하심과 보호하심을 잃었다. 인간이 사탄을 좇아 반역함으로 사탄이 지배하고 파괴하는 문이 활짝 열렸다. 사탄은 기회를 십분 활용하여 하나님에게 복종하지 않고 오히려 그분처럼 되려 했다. 하나님의 피조 세계를 노예 삼아 스스로 권좌에 올랐다(사 14:12-14).

사탄의 활동 방식은 지금도 다르지 않다. 아무리 모양과 맛과 감촉이 좋다고 해도, 부와 재산과 지혜와 성공을 보장한다 해도 하나님이 주신 것이 아니면 결국은 우리를 막심한 슬픔과 후회와 죽음으로 몰고 갈 것이다. 하나님의 공급하심과 보호하심은 미혹 때문에 더러워질 것이다. 그러므로 불순종의 배후의 세력은 불법의 주인인 사탄이다. 이 어두움의 세력은 모든 사람과 모든 것을 통제하고 다스리려고 노력한다. 알든 모르든 모든 이의 삶에는 문이 있다. 이 문은 삶으로 들어가는 입구다.

가인의 경우에 문은 죄와 귀신의 세력이 접근하는 통로였다. 하나님은 죄와 귀신의 세력에게 그 문을 여는 것이 무엇인지, 닫는 것이 무엇인지 처음부터 알려 주신다. 문을 열어 주는 것은 불순종이고 닫는 것은 순종이다. 가인은 고집스레 불순종함으로 죄의 법에게 영혼의 문을 열어 주었다. "하나를 주면 열을 빼앗아 간다."는 말이 있다. 불순종의 법칙을 완벽하게 묘사한 말이다. 불순종의 법칙에 삶을 약간만 열어도 거대한 댐에 구멍이 뚫린 것과 같다. 물은 홍수 같은 힘으로 밀려와 결국 댐을 무너뜨린다.

나는 이 법칙이 작용하는 사건을 수없이 보았다. 나는 불순종하는 사람들이 자기 뜻을 내려놓지 않고 자기 길을 고집하는 것을 보았다. 불법이 그들의 삶에 홍수처럼 밀려오는 것은 시간문제다. 홍수처럼 밀려드는 탐욕, 증오, 분노, 용서하지 않는 마음, 다툼, 험담, 성적인 죄와 기타 수많은 다른 형태의 굴레가 불순종하는 사람들의 육신을 지배한다. 하나님은 은혜로 우리 눈을 열어 불순종의 영역을 보게 하신다. 불순종은 사술의 죄와 같다. "순종이 제사보다 낫고 듣는 것이 수양의 기름보다 나으니 이는 거역하는 것은 사술의 죄와 같고 완고한 것은 사신 우상에게 절하는 죄와 같음이라 왕이 여호와의 말씀을 버렸으므로 여호와께서도 왕을 버려 왕이 되지 못하게 하셨나이다"(삼상 15:22-23).

거역 즉 불순종은 사술이다. 사술은 사람을 귀신의 세계에 활짝 열어 놓는다. 거역은 귀신이 다스릴 통로를 내 주는 일이다. 다양한 방법으로 환경과 상황과 사람을 다스리는 것이 사술의 목표다. 불순종이 클수록 더 많은 힘을 준다. 하나님을 거역하면 할수록 귀신 세력이 영향을 주고 다스림으로 힘을 얻을 통로를 더 넓혀 주는 것이다. 무지한 사람들은 불법을 자유라고 착각한다.

그러나 거역에는 자유가 없다. 거역하면 타락의 노예가 된다. 진리는 명백하다. 자유는 없다. 대신 속박과 통제만 있으며, 그러하기에 영혼은 귀신의 압제와 통제를 향해 활짝 열린다. 하나님을 거역함으로 사울은 자신을 휘어잡으려는 영향력에 자신을 열어 주었다. 거역한 후 얼마 되지 않아 악신이 사울의 삶에 들어와 괴롭히고 번뇌케 했다(삼상 16:14). 그 시점부터 악신은 사울의 삶을 제집처럼 드나들었다. 사울은 편히 쉴 날이 없었다. 악신은 사울을 조종해서 질투와 분노와 증오와 다툼과 살인과 미혹이 있는 삶으로 몰아갔다. 악신은 회개하지 않은 사울의 불순종을 틈타 그를 지배했다.

사울은 하나님의 신실한 종이자 자신의 충신인 다윗을 죽이려고 쫓아다녔다. 하나님의 마음에 합한 사람인 다윗이 사울에게는 반역자로 보였다. 귀신이 다스리기 시작하자 사울은 미혹되어 진실은 거짓이 되고 거짓은 진실이 되었다. 오, 이런 일이 일어나는 것을 얼마나 많이 보았는지 모른다. 다른 사람들뿐 아니라 나 자신도 그랬다. 장난치듯이 불순종하던 시절을 돌아보면 그렇게 미혹당해 산 삶에 대해 통곡이라도 하고 싶다. 오, 주님은 내게 얼마나 긍휼을 많이 베푸셨는지 모른다. 당신도 눈을 크게 뜨고 이 속임수를 보기를, 나처럼 미혹당하지 않기를 바란다."

로마서 5장 12절부터 21절에 등장하는 아담은 오실 자의 표상입니다. 다시 오실 예수 그리스도의 상징입니다. 언젠가 예수께서 오셔서 한 사람의 순종으로 권세와 능력을 회복시키시고 모든 것을 회복시키실 것을 보여준 상징입니다. 결국 예수님께서 오셔서 십자가에 죽으심으로 하나님 아버지의 뜻에 온전히 순종하심으로 은혜와 의의 선물을 넘치게 주셨습니다. 그리고 우리의 삶에 침입하려는 대적을 모두 막아 주셨습니다. 우리가 예수 그리스도를 믿고 마음에 영접할 때 하나님의 자녀가 되는 권세를 받았습니다. "영접하는 자 곧 그 이름을 믿는 자들에게는 하나님의 자녀가 되는 권세를 주셨으니 이는 혈통으로나 육정으로나 사람의 뜻으로 나지 아니하고 오직 하나님께로부터 난 자들이니라"(요 1:12-13) 그러므로 우리는 예수 그리스도를 통해서 생명 안에서 왕노릇 하게 되었습니다. 우리가 어떻게 왕 노릇을 할 수 있습니까? 권세와 능력이 있어야 합니다.

우리는 권세와 능력이 없었습니다. 그러나 우리가 예수 그리스도를 믿고 영접하였을 때 예수님께서 십자가에서 승리하셔서 얻으신 권세와 능력을 우리에게 주셨습니다. 우리가 하나님께 받고 있는 모든 축복은 예수 그리스도의 순종으로 말미암아 우리에게 주어졌습니다.

순종과 하나님의 사역

예수님의 지상사역의 보증수표는 순종이었습니다. 예수님께서는 삶의 자세를 명확하게 말씀하셨습니다. "예수께서 이르시되 나의 양식은 나를 보내신 이의 뜻을 행하며 그의 일을 온전히 이루는 이것이니라"(요 4:34) 예수님께서는 어떻게 권세와 능력을 사용하셨습니까? 그분이 성자 하나님이시기 때문에 자신에게 있는 능력을 사용하신 것이 아닙니다. 그분은 하나님과의 동등 됨을 포기하시고, 자기를 스스로 비우시고, 낮고 천한 인간이 되셨습니다.

그러므로 예수님은 하나님 아버지께 순종하심으로 아버지의 권세와 능력을 부여받아 사용하심으로 사역에서 승리하셨습니다. 그렇기 때문에 예수님께서는 스스로 아무 것도 하지 않으셨습니다. "그러므로 예수께서 그들에게 이르시되 내가 진실로 진실로 너희에게 이르노니 아들이 아버지께서 하시는 일을 보지 않고는 아무 것도 스스로 할 수 없나니 아버지께서 행하시는 그것을 아들도 그와 같이 행하느니라"(요 5:19)

예수님께서는 항상 아버지 하나님께 의존하셨습니다. 그래서 귀신을 쫓아 내실 때에도 하나님 아버지를 힘입어 쫓아 내셨습니다. "그러나 내가 만일 하나님의 손을 힘입어 귀신을 쫓아낸다면 하나님의 나라가 이미 너희에게 임하였느니라"(눅 11:20)

예수님께서 심판하실 때에도 하나님 아버지의 원하시는 대로 심판하십니다. "아버지께서 아무도 심판하지 아니하시고 심판을 다 아들에게 맡기셨으니, 내가 아무 것도 스스로 할 수 없노라 듣는 대로 심판하노니 나는 나의 뜻대로 하려 하지 않고 나를 보내신 이의 뜻대로 하려

하므로 내 심판은 의로우니라"(요 5:22, 30)

예수님의 순종의 절정은 십자가의 죽음입니다. "사람의 모양으로 나타나사 자기를 낮추시고 죽기까지 복종하셨으니 곧 십자가에 죽으심이라"(빌 2:8) 예수님께서 순종하여 하나님께 부여받은 권세로 사역하셨을 때 아담의 불순종으로 저주받고 귀신에게 사로잡힌 세계는 치유 받고 회복되기 시작했습니다.

아담의 불순종은 많은 문제와 질병을 가져오게 했지만, 두 번째 아담인 예수 그리스도께서 순종하시므로 권세가 회복되어 질병이 치유되고, 귀신에게 사로잡힌 자들이 해방되고, 이미 죽었던 사람들도 생명이 회복되었습니다.

사실 우리는 하나님이 주신 권세와 능력을 빼앗기고 말았습니다. 하지만 예수님께서 십자가에서 순종하시고 승리하심으로 하늘과 땅의 권세를 가지셨습니다. 이제 그분이 세상 끝 날까지 영원도록 우리와 함께 하십니다. 우리는 그분의 권세와 능력을 부여받아서 사용하는 것입니다. 그러므로 우리는 하나님께 순종해야 합니다.

03. 그리스도인의 말씀

　수레바퀴의 중심축과 수레바퀴의 테두리와 수레바퀴의 살은 서로 연결되어 있습니다. 그 중에 수레바퀴의 살은 예수 그리스도의 능력이 우리의 삶에 작용하는 방법을 보여줍니다. 우리는 수레바퀴의 살이 말하는 말씀과 기도와 예배와 섬김을 통해서 하나님과 개인적인 관계를 유지합니다. 그러므로 수레바퀴의 삶에서 셋째로 중요한 것은 그리스도인의 말씀의 생활입니다. 우리는 무엇보다도 하나님의 말씀에 신앙의 뿌리를 깊이 내리고 말씀 중심의 신앙생활을 해야 합니다.

　골로새서 3장 16절부터 4장 1절을 살펴보십시오. 이 말씀에는 다양한 사람들이 등장합니다.

　아내와 남편과 자녀와 아버지와 종들과 상전들이 등장합니다. 이들은 각자가 처한 상황이 다 다르고 해야 할 일들도 다 다릅니다. 아내는 남편에게 복종해야 하고, 남편은 아내를 사랑해야 하고, 자녀는 부모에게 순종해야 하고, 아버지는 자녀를 노엽게 하지 말아야 하며, 종들은 성실한 마음으로 주님께 하듯이 일해야 하며, 상전들은 무엇보다도 공평하게 종들을 대해야 합니다. 이 일들은 결코 쉬운 일이 아닙니다. 하지만 우리가 하나님의 말씀으로 살아간다면 모든 문제를 해결하고 우리가 해야 할 일들을 능히 감당하고 승리하는 삶을 살 수 있습니다. 그러므로 골로새서 3장 16절은 우리 속에 하나님의 말씀을 풍성히 거하게 하여 이 모든 일들을 감당하라고 말씀하고 있습니다.

"그리스도의 말씀이 너희 속에 풍성히 거하여 모든 지혜로 피차 가르치며 권면하고 시와 찬송과 신령한 노래를 부르며 감사하는 마음으로 하나님을 찬양하고"(골 3:16)

그러므로 하나님의 말씀은 모든 것이 가능하게 합니다. 인간의 모든 문제의 해답은 하나님의 말씀 안에 들어 있습니다. 그러므로 제임스 패커와 로날드 리건은 하나님의 말씀의 중요성을 이렇게 지적합니다.

"만일 내가 악마라면, 나의 최우선 공격목표 중 하나는 사람들이 하나님의 말씀을 공부하지 못하도록 막는 일이 될 것입니다. 하나님의 말씀 속에는 인간이 직면하는 인생의 모든 문제들의 해답이 담겨 있기 때문입니다. 하나님의 말씀은 우리 마음을 움직이고, 머리를 바꾸어주며, 영혼을 새롭게 합니다."

그러므로 우리가 하나님의 말씀 중심으로 살아간다면 아내의 역할도, 남편의 역할도, 자녀의 역할도, 아버지의 역할도, 직장에서 고용주와 고용인의 역할도 잘 감당할 수 있습니다.

   하나님의 말씀은 아주 단순하고 명확한 책이며 엄청난 능력이 들어 있습니다. 반면에 우리 인간은 죄성을 가지고 있으며, 무지하며, 여러 한계상황과 게으름을 가지고 있습니다. 그러므로 우리는 하나님의 말씀을 우리의 삶에 연결시켜야 합니다. 하나님의 말씀은 세상에서 가장 많이 팔리는 책이기도 하지만 동시에 가장 소홀히 여겨지는 경우도 있기 때문입니다. 하지만 성경은 지금까지 쓰여 진 책 중에 가장 놀라운 책입니다. 성경은 문학과 역사와 신학을 담고 있는 가장 위대한 책입니다. 성경은 나라와 직업이 다른 40여 명의 사람들에 의해 쓰여 졌습니다. 그들은 히브리어와 헬라어와 아람어로 1500여 년이라는 기간에 걸쳐 성경을 기록했습니다. 성경이 오늘날까지 보존된 것이 진실로 엄청난 기적입니다.

   하나님의 말씀은 지금까지 인간의 역사와 수많은 사람들의 삶을 변화시켜 왔습니다. 그리고 하나님의 말씀의 모든 말씀은 그 위대한 주제와 중심인물이 예수 그리스도라는 점에서 통일성과 조화를 이루고 있습니다. 성경의 진정한 저자이신 성령 하나님께서 기록하셨기 때문입니다. 하나님의 말씀은 우리가 예수 그리스도의 은혜와 지식 안에서 자라가도록 필수적인 지침을 제공합니다.

   제품 사용 설명서를 생각해 보십시오. 우리가 어떤 물건이나 제품을 구입하면 그 물건이 작동되는 방법을 알려주는 사용 설명서를 함께 받습니다. 우리가 그 물건을 사용하려면 사용 설명서의 지침서대로 사용해야 합니다. 하나님의 말씀도 우리 그리스도인의 삶을 위한 지침서입니다. 그러므로 하나님의 말씀은 우리의 삶의 세세한 면까지 안내해 줍니다. 우리는 말씀에서 우리의 과거를 발견하며, 현재를 이해하며,

미래를 향한 소망을 발견할 수 있습니다.

하나님께서는 수세기 전에 말씀하신 성경을 통해서 오늘날에도 말씀하십니다. 그러므로 하나님의 말씀은 박물관에나 있어야 할 골동품이 아니라 오늘을 살고 있는 우리가 붙잡고 살아야할 인생의 등불입니다. 하나님의 말씀이야말로 오늘을 사는 현대인들에게 지혜와 마음의 양식을 줄 수 있습니다. 그러므로 우리는 하나님의 말씀으로 살아가야 합니다. 우리는 말씀을 금처럼 귀하게 여기고, 꿀처럼 좋아하고 즐거워해야 합니다. 하나님의 말씀의 모든 축복들은 우리 그리스도인들을 위해서 존재하기 때문입니다. 하나님의 말씀은 우리에게 교훈과 책망과 바르게 함과 의로 교육하기에 유익합니다.

"또 어려서부터 성경을 알았나니 성경은 능히 너로 하여금 그리스도 예수 안에 있는 믿음으로 말미암아 구원에 이르는 지혜가 있게 하느니라 모든 성경은 하나님의 감동으로 된 것으로 교훈과 책망과 바르게 함과 의로 교육하기에 유익하니 이는 하나님의 사람으로 온전하게 하며 모든 선한 일을 행할 능력을 갖추게 하려 함이라"(딤후 3:15-17)

만일 하나님의 말씀이 하나님께로부터 온 것이라면 그 말씀은 우리에 대하여 권위를 가지고 있습니다. 어떤 사람이 한 말 뒤에는 그것을 이야기한 사람의 인격이 담겨 있습니다. 그 말은 그 말하는 사람의 연격을 나타내며 그에 따라 사람들은 그가 한 말을 어떻게 대해야 하는가를 결정하게 됩니다. 그러므로 우리가 하나님의 말씀을 믿고 순종하는 것은 하나님이 어떤 분인지 알고 있기 때문입니다.

그러므로 우리 그리스도인들은 하나님의 말씀에 대한 순종이 재산이나 직업이나 가족이나 혹 우리의 생명을 위태롭게 하더라도 기꺼이 하나님의 말씀에 순종해야 합니다.

우리 그리스도인들은 이른 아침 처음 시간을 하나님의 말씀을 묵상하는 시간으로 정해놓아야 합니다. 우리가 아무리 시간에 쫓겨도 하루 일과의 시작은 하나님의 말씀과 함께 시작해야 합니다. 우리가 하루 일과를 끝낼 때도 하나님의 말씀을 읽고 잠자리에 들어야 합니다. 그리고 주머니에 넣고 다닐 작은 성경책을 미리 준비하여 하루 중, 시간 나는 대로 읽어야 합니다.

우리가 하나님의 말씀을 연구할 때는 어떤 체계가 있어야 합니다. 매일 아무 곳이나 펴서 자신의 눈에 들어오는 말씀을 읽어 나가는 것은 별로 도움이 되지 못합니다. 무엇보다도 성경을 묵상하되 성령님께서 진리를 깨우쳐 주실 것을 믿고 구해야 합니다.

하나님의 말씀이 하는 일

"성경은 모든 책들 가운데서 가장 위대합니다. 이것을 공부하는 것은 모든 다른 탐구보다도 가장 고상하며 이것을 이해한다는 것은 모든 목표 가운데 가장 높은 것입니다."(찰스 C. 리라이).

첫째, 하나님의 말씀은 우리를 그리스도인이 되게 했습니다.

하나님의 말씀은 우리에게 구원에 이르게 하는 지혜를 주었습니다(딤후 3:15). 우리는 성경을 통해서 영생을 얻을 수 있는 방법을 찾았고 그 결과 놀라운 구원을 받았습니다. 그러므로 어느 누구도 하나님의 말씀을 떠나서는 하나님께서 주시는 구원의 도리를 알 수 없습니다. 성경에는 구원 얻는 방법이 자세히 기록되어 있습니다. 이제 하나님의 말씀은 구원을 받은 우리에게 교훈을 주고, 우리가 잘못된 길로 나아갈 때 우리를 책망합니다. 또한 성경은 우리를 책망하기도 하지만 우리에게 올바른 길을 제시합니다. 또한 올바른 길을 계속 갈 수 있도록 의로 교육하기에 유익한 말씀입니다.

또한 하나님의 말씀은 우리에게 믿음을 주며, 우리가 말씀을 가까이 할 때 우리의 믿음을 성장시켜줍니다. 사도 바울이 에베소 지역의 목회자들과 이별할 때에도 그들을 주님께 부탁할 뿐만 아니라 은혜의 말씀께 부탁하기도 했습니다. 왜냐하면 하나님의 말씀이 그들을 능히 든든히 세울 수 있기 때문입니다. 그러므로 하나님의 말씀을 떠난 믿음의 성장은 있을 수 없습니다.

둘째, 하나님의 말씀은 우리 그리스도인들에게 승리하는 삶을 살게 합니다(마 4:1-11).

예수님께서는 마귀에게 유혹을 받으실 때 하나님의 말씀으로 무장하고 그 말씀으로 마귀를 대적하여 승리하셨습니다. 그러나 아담과 하와는 동일한 사탄에게 유혹을 받았지만 하나님의 말씀에 무장되어 있지 않아 넘어지고 말았습니다. 하나님의 말씀은 우리로 하여금 정결한 삶을 살게 해줍니다(시 119:9-11, 101-104).

시편 기자는 무엇으로 자신의 행실을 깨끗하게 유지했습니까? 하나님의 말씀으로 조심했기 때문입니다. 그는 주께 범죄 하지 않기 위해서 하나님의 말씀을 마음속에 간직하였습니다. 그는 주님의 말씀 때문에 명철하게 되었고 모든 거짓된 행위를 미워하게 되었습니다.

셋째, 하나님의 말씀은 우리 그리스도인의 영혼을 소생시켜 줍니다(시 19:7, 119:40).

죄로 인하여 죽었던 우리의 영혼이 어떻게 다시 살아날 수 있습니까? 바로 하나님의 말씀으로 살아날 수 있습니다. 하나님의 말씀은 완전하기 때문에 능히 우리의 영혼을 살릴 수 있습니다. 그러므로 하나님의 말씀이 없다면 우리의 영혼은 죽을 수밖에 없습니다.

넷째, 하나님의 말씀은 우리에게 격려와 위로를 줍니다(시 119:49-50, 143).

우리 하나님은 말씀이라는 도구를 통해서 우리에게 장래의 소망을 주셨습니다. 시편 기자는 하나님께서 말씀으로 위로해 주시고, 말씀으로 자신을 살렸다고 고백합니다. 그는 환난과 우환이 있을 때에도 하나님의 말씀이 즐거움을 주었다고 고백합니다. 그렇습니다. 세상의 무엇으로 우리가 위로를 얻을 수 있습니까? 그러므로 하나님의 말씀은 우리의 심령을 치료하는 약과 같습니다.

다섯째, 하나님의 말씀은 우리에게 지혜와 명철을 줍니다(시 119:98-100).

우리가 어떻게 지혜로운 사람이 될 수 있습니까? 하나님의 말씀을 묵상하는 것이 비결입니다. 우리가 하나님의 말씀과 함께 하면 원수와

노인과 스승보다도 지혜롭고 명철해질 수 있습니다. 우리가 하나님의 말씀을 가까이하고, 묵상하고, 순종하면 우리는 반드시 지혜롭게 될 수 있습니다. 그러므로 솔로몬은 우리를 지혜롭게 만들기 위해서 잠언을 기록했습니다.

"다윗의 아들 이스라엘 왕 솔로몬의 잠언이라 이는 지혜와 훈계를 알게 하며 명철의 말씀을 깨닫게 하며 지혜롭게, 공의롭게, 정의롭게, 정직하게 행할 일에 대하여 훈계를 받게 하며 어리석은 자를 슬기롭게 하며 젊은 자에게 지식과 근신함을 주기 위한 것이니 지혜 있는 자는 듣고 학식이 더할 것이요 명철한 자는 지략을 얻을 것이라 잠언과 비유와 지혜 있는 자의 말과 그 오묘한 말을 깨달으리라"(잠 1:1-6)

그러므로 지혜롭게 되기 위해서 잠언을 하루에 한 장씩 읽으십시오. 잠언은 31장으로 되어 있기 때문에 하루에 한 장씩 읽으면 1개월에 한 번씩 읽을 수 있습니다.

여섯째, 하나님의 말씀은 우리의 삶에 비전을 줍니다(시 119:105-112).

시편 119편 105절에서 하나님의 말씀이 '내 발의 등' 이라는 표현은 하나님의 말씀이 우리의 하루의 삶을 인도해주고, '내 길에 빛' 이라는 표현은 우리의 미래까지도 인도해 주는 것을 나타냅니다. 하나님의 말씀은 하루하루의 삶을 인도해 줄뿐만 아니라, 장래의 꿈과 비전과 할 일을 보여줍니다. 그러므로 성공적인 인생을 살아가기 위해서 말씀을 가까이 해야 합니다.

일곱째, 하나님의 말씀은 우리에게 큰 평안을 줍니다(시 119:165).

하나님의 말씀을 사랑하는 자에게 큰 평안이 약속되어 있습니다. 우리가 이 약속을 진정으로 믿고 하나님의 말씀을 가까이 하면 우리의 삶에 행복이 가득하게 됩니다. 우리가 하나님의 말씀을 바로 알 때 하나님을 찬양할 수 있습니다(시 119:164, 171). 시편 기자는 하나님께서 말씀을 가르쳐 주셨기 때문에 하나님을 찬양하게 되었다고 고백합니다. 그것도 하루에 일곱 번씩 찬양했습니다.

우리도 하나님의 말씀을 바로 깨달을 때 하나님을 찬양할 수 있습니다. 우리가 말씀을 깨닫는 것은 하나님의 말씀으로 인하여 감동을 받는 것입니다. 마음에 감동을 받으면 우리의 입은 저절로 열려져 자연스럽게 하나님을 찬양할 수 있습니다.

여덟째, 하나님의 말씀은 우리에게 풍성한 열매를 맺게 해줍니다(시 1:2-3, 수 1:8).

우리가 하나님의 말씀을 즐거워하고 하나님의 말씀을 묵상할 때 시냇가에 심겨진 나무처럼 잎사귀가 마르지 않고 아름다운 과실을 맺을 수 있습니다. 뿐만 아니라 우리가 하는 모든 일이 다 성공할 수 있습니다. 그러므로 우리는 성공적인 인생을 살기 위해서 하나님의 말씀을 묵상하고 삶에 적용해야 합니다. 그러면 우리도 성공할 수 있습니다.

아홉째, 하나님의 말씀은 우리로 하여금 하나님의 형상을 본받게 해줍니다(고후 3:18).

우리가 늘 하나님의 말씀을 가까이 하면 말씀을 통해서 하나님의 형상을 바라보게 되며, 하나님의 성품을 보게 됩니다. 그 결과 우리는 하나님의 말씀을 통하여 하나님을 본받게 됩니다.

열 번째, 하나님의 말씀은 우리로 하여금 하나님의 좋은 일군으로 쓰임 받게 합니다(딤후 2:15, 3:15-17).

그러므로 하나님의 말씀을 모르는 자는 결코 주님의 사역에 쓰임 받을 수 없습니다. 하나님의 말씀을 모르는 사역자는 부끄러운 사람입니다. 하나님의 사역을 하기 원하는 사람은 누구나 하나님의 말씀을 옳게 분별할 수 있어야 합니다. 또한 하나님의 말씀으로 성숙하게 되었을 때 모든 선한 일을 온전히 행할 수 있습니다.

하나님의 말씀에 대한 우리의 책임

첫째, 우리는 하나님의 말씀을 깨닫게 해달라고 기도해야 합니다.

우리는 이러한 기도를 시편 119편에서 발견할 수 있습니다. "내 눈을 열어서 주의 율법에서 놀라운 것을 보게 하소서, 내가 나의 행위를 아뢰매 주께서 내게 응답하셨사오니 주의 율례들을 내게 가르치소서 나에게 주의 법도들의 길을 깨닫게 하여 주소서 그리하시면 내가 주의 기이한 일들을 작은 소리로 읊조리리이다"(시 119:18, 26-27) 우리는 하나님의 말씀을 대할 때마다 시편기자처럼 기도해야 합니다.

"하나님, 진정 종의 눈을 열어서 당신의 말씀 속에 들어있는 귀한 진리들을 발견하게 하옵소서. 진정 그 말씀으로 살아가기 원합니다. 마치 광부가 금맥을 찾듯이 당신의 말씀 속에서 놀라운 진리들을 깨닫게 하소서. 깨달은 말씀을 생활 가운데 실천하고 싶습니다. 하나님께 영광을 돌리고 싶습니다. 그러니 진정으로 말씀을 깨닫게 하소서"

둘째, 우리는 하나님의 말씀을 사모하고 사랑해야 합니다.

"주의 규례들을 항상 사모함으로 내 마음이 상하나이다, 내가 주의 법을 어찌 그리 사랑하는지요 내가 그것을 종일 작은 소리로 읊조리나이다, 내가 주의 계명들을 사모하므로 내가 입을 열고 헐떡였나이다" (시 119:20, 97, 131) 시편 기자는 말씀을 사랑하고 사모하는 것을 다양하게 표현하고 있습니다. 그는 말씀을 사모하기 때문에 마음이 상하고, 종일 묵상하며, 입을 열고 헐떡였다고 말하고 있습니다.

그는 진정으로 하나님의 말씀을 사랑하고 사모했습니다.

우리도 이처럼 말씀을 사모해야 합니다.

셋째, 우리는 하나님의 말씀을 신속히 지켜야 합니다.

"주의 계명들을 지키기에 신속히 하고 지체하지 아니하였나이다" (시 119:60) 성경에 나오는 위대한 인물들은 하나님의 말씀을 들었을 때 그 즉시 순종했습니다. 지체하지 않았습니다. 우리에게도 이러한 자세가 필요합니다. 하나님께서는 우리에게 가장 좋은 것을 요구하십니다. 우리는 하나님께서 우리 자신을 사랑한다는 사실을 믿어야 합니다. 그러므로 그분이 말씀을 통해서 우리에게 명령을 내리실 때 우리는 신속하게 순종해야 합니다.

넷째, 우리는 하나님의 말씀을 마음 판에 새기고 가르쳐야 합니다.

"오늘 내가 네게 명하는 이 말씀을 너는 마음에 새기고 네 자녀에게 부지런히 가르치며 집에 앉았을 때에든지 길을 갈 때에든지 누워 있을 때에든지 일어날 때에든지 이 말씀을 강론할 것이며 너는 또 그것을 네 손목에 매어 기호를 삼으며 네 미간에 붙여 표로 삼고 또 네 집 문설주와 바깥 문에 기록할지니라"(신 6:6-9)

하나님의 말씀을 마음 판에 새기는 가장 좋은 방법은 말씀을 암송하는 것입니다. 말씀을 암송하면 어디에서나 암송할 말씀을 묵상할 수 있습니다. 예수님의 귀한 사역을 할 때 그 말씀을 사용할 수 있습니다. 그러므로 하나님의 말씀을 암송하기 위해서 시간을 투자하십시오. 그리고 자녀들에게 부지런히 가르쳐야 합니다.

다섯째, 우리는 하나님의 말씀을 준행하고 전심으로 지켜야 합니다.

"여호와여 주의 율례들의 도를 내게 가르치소서 내가 끝까지 지키리이다 나로 하여금 깨닫게 하여 주소서 내가 주의 법을 준행하며 전심으로 지키리이다 나로 하여금 주의 계명들의 길로 행하게 하소서 내가 이를 즐거워함이니이다 내 마음을 주의 증거들에게 향하게 하시고 탐욕으로 향하지 말게 하소서 내 눈을 돌이켜 허탄한 것을 보지 말게 하시고 주의 길에서 나를 살아나게 하소서"(시 119:33-37)

우리가 하나님의 말씀을 적당히 지킬 수는 없습니다. 그래서 하나님께서는 여호수아에게 먼저 마음을 강하게 하고 담대히 한 다음에 말씀을 순종하라고 명령하셨습니다.

"오직 강하고 극히 담대하여 나의 종 모세가 네게 명령한 그 율법을 다 지켜 행하고 우로나 좌로나 치우치지 말라 그리하면 어디로 가든지 형통하리니 이 율법책을 네 입에서 떠나지 말게 하며 주야로 그것을 묵상하여 그 안에 기록된 대로 다 지켜 행하라 그리하면 네 길이 평탄하게 될 것이며 네가 형통하리라 내가 네게 명령한 것이 아니냐 강하고 담대하라 두려워하지 말며 놀라지 말라 네가 어디로 가든지 네 하나님 여호와가 너와 함께 하느니라 하시니라"(수 1:7-9)

여섯째, 우리는 하나님의 말씀을 끝까지 지켜야 합니다.

"내가 주의 율례들을 영원히 행하려고 내 마음을 기울였나이다"(시 119:112) 우리는 하나님의 말씀을 순종하되 신실하게, 지속적으로, 꾸준히, 언제나, 변함없이, 일관성 있게 순종해야 합니다. 그러나 이것은 쉽지 않습니다. 그러므로 시편기자는 말씀을 끝까지 순종하려고 마음을 기울였다고 고백합니다.

일곱째, 우리는 하나님의 말씀을 주야로 묵상해야 합니다.

"오직 여호와의 율법을 즐거워하여 그의 율법을 주야로 묵상하는도다 (3) 그는 시냇가에 심은 나무가 철을 따라 열매를 맺으며 그 잎사귀가 마르지 아니함 같으니 그가 하는 모든 일이 다 형통하리로다"(시

1:2-3) 주야로 묵상하는 좋은 방법은 잠자리에 들기 바로 전에 말씀을 읽고 묵상하며 그 말씀을 생각하면서 잠을 자고 또한 아침에 일어난 후에도 제일 먼저 말씀을 읽고 묵상하는 것입니다.

하나님의 말씀을 섭취하는 방법

말씀의 손의 다섯 가지 방법을 통해서 섭취할 수 있습니다. 말씀의 손(Word Hand)은 그리스도인이 하나님의 말씀을 다섯 가지 방법을 통해서 섭취하는 것을 설명해 줍니다. 그것은 듣기와 읽기와 공부하기와 암송하기와 묵상하는 것입니다.

첫째, 하나님의 말씀 듣기입니다.

이것은 교회에서 정기적으로 예배시간에 하나님의 말씀을 듣는 것을 통하여 하나님의 말씀을 섭취하는 것입니다. 그러나 우리가 듣는 것의 87-89%는 곧 잊어버리게 됩니다. 그러므로 다음 단계가 필요합니다. "그러므로 믿음은 들음에서 나며 들음은 그리스도의 말씀으로 말미암았느니라"(롬 10:17)

둘째, 하나님의 말씀 읽기입니다.

우리는 조직적으로 성경 읽기 프로그램을 가지고 정기적으로 하나님의 말씀을 읽음으로 성경 전체에 대한 윤곽을 파악할 수 있습니다. "이 예언의 말씀을 읽는 자와 듣는 자와 그 가운데에 기록한 것을 지키는 자는 복이 있나니 때가 가까움이라"(계 1:3)

셋째, 하나님의 말씀 공부하기입니다.

개인적으로 혹은 소그룹 중심으로 성경을 공부함으로 하나님의 진리를 발견하고 적용하는데 많은 도움이 됩니다. "베뢰아에 있는 사람들은 데살로니가에 있는 사람들보다 더 너그러워서 간절한 마음으로 말씀을 받고 이것이 그러한가 하여 날마다 성경을 상고하므로, 에스라가 여호와의 율법을 연구하여 준행하며 율례와 규례를 이스라엘에게 가르치기로 결심하였었더라"(행 17:11, 스 7:10)

이 말씀에서 중요한 단어는 말씀을 "연구하는 것"과 말씀을 "준행하는 것"과 말씀을 "가르치는 것"입니다. 에스라는 말씀을 부지런히 연구하고 그 다음에 자신이 먼저 삶에 적용하고 다른 사람들에게 가르치기로 결심했습니다. "이 구원에 대하여는 너희에게 임할 은혜를 예언하던 선지자들이 연구하고 부지런히 살펴서"(벧전 1:10) 하나님의 말씀을 공부하는 것은 말씀 읽기보다 더 효과적입니다.

넷째, 하나님의 말씀 암송하기입니다.

하나님의 말씀을 암송해 두면 사탄과 죄의 유혹을 이겨낼 수 있습니다. 전도할 때에도 때에 맞는 말씀을 전할 수 있습니다. 암송은 하나님의 말씀을 섭취하는 데 있어서 가장 효과적인 방법입니다. 내 속에 하나님의 말씀을 많이 간직하면 할수록 그 말씀은 더욱 우리의 생각에 영향을 미칩니다(시 119:9-11, 신 6:6).

다섯째, 하나님의 말씀 묵상하기입니다.

묵상은 말씀의 손 가운데서 엄지손가락입니다. 이것은 다른 네 가지 각각의 방법과 결합해서 사용할 수 있기 때문입니다. 하나님의 말씀을 충분히 묵상할 때 그 말씀을 생활 속에 적용하는데 많은 도움을 줍니다. 묵상이 없다면 말씀은 우리의 삶에 아무런 영향을 주지 못합니다 (시 1:2-3, 수 1:8). 에베소서 6장 17절에 의하면 하나님의 말씀은 검이라고 소개합니다. "성령의 검 곧 하나님의 말씀을 가지라" 그런데 다섯 손가락으로 검을 쥘 때 능숙하게 검을 잘 사용할 수 있습니다.

이 다섯 가지 방법은 단지 이론적인 것에 그쳐서는 안 됩니다. 그러므로 우리는 이 다섯 가지 방법을 다 사용해서 하나님의 말씀을 섭취해야 합니다.

하나님의 말씀의 올바른 해석

하나님의 말씀의 모든 사건과 교훈과 원리와 진리들은 올바르게 해석되어져야 합니다. 어떤 설교자가 사람들에게 큰 감동을 주는 설교를 했다하더라도 그 설교자가 하나님의 말씀을 올바르게 해석하지 않고 함부로 해석한 경우도 있습니다. 이솝우화를 생각해 보십시오.

사람들에게 참으로 많은 감동을 주는 이야기가 너무도 많이 기록되어 있지만 그것은 어디까지나 실제의 이야기가 아니라 꾸며낸 우화에 불과합니다. 그러므로 큰 감동을 주는 설교라고 해서 성경을 올바르게 해석하여 설교한 것이 아닐 수도 있습니다. 그러므로 성경을 해석할 때에는 문자적, 문법적, 문화적-역사적 배경을 참고해서 해석하여야 합니다. 그러므로 한 구절을 대할 때 무엇인가 경건하거나 영적이거나 특별한 교훈을 찾으려는 욕구 때문에 그 구절의 본래 의미를 왜곡시키는 방향으로 말씀을 해석하지 말아야 합니다.

하나님의 말씀의 원리

하나님의 말씀은 구체적인 지시의 목록보다는 하나의 원리를 보여주고 있습니다. 말씀의 강조점은 도덕적, 영적 원리에 있는 것이지 우리가 살아 갈 때 "이렇게 하라. 저렇게 하라"는 규칙을 구체적인 항목별로 밝혀 놓은 것이 아닙니다. 만약 죄에 대한 경우, 죄들을 구체적으로 하나하나 나열하여 그 죄들을 짓지 말라고 지시한다면 오늘날 인간들은 영악하기 때문에 성경에 나열되지 않은 죄들을 짓는 방법을 새롭게 고안할 것입니다. 오늘날은 문화 사정이 달라져서 과거에 짓지 말라고 지시했던 죄들은 더 이상 효력을 나타내지 못할 것입니다.

그리스도를 믿는 이 기독교는 단순한 규칙이나 지키는 종교가 되었을 것입니다. 그러므로 하나님의 말씀은 주로 원리를 다루고 있다는 사실을 기억해야 합니다. 성경에서 발견하는 원리는 전 우주에 적용되는 진리의 요약된 설명입니다.

그러므로 성경을 공부하면서 원리들을 찾아낼 수 있다면, 말씀을 생활에 적용하는데 많은 도움을 얻을 수 있습니다. 영원히 변함없는 하나님의 말씀을 가지고 성경이 기록될 당시의 세계와 우리가 살고 있는 현대 세계를 연결시킬 수 있습니다. 그러나 내가 발견한 원리가 과연 옳은 것인지 어떻게 알 수가 있습니까? 또한 본문에서 원리를 끄집어내는 과정 중 우리 인간의 실수와 극단을 어떻게 피할 수 있습니까? 어떻게 하면 말씀을 제대로 적용할 수 있습니까? 몇 가지 사실을 고려해 볼 수 있습니다.

첫째, 말씀의 원리들은 말씀 전체의 일반적인 가르침과 조화를 이루어야 합니다. 결국 성경 말씀을 가지고 성경 말씀을 비교해서 해석해야 합니다. 둘째, 어느 특정한 본문에서 원리를 발견했을 경우 같은 원리를 가르치는 성경의 다른 말씀을 생각해 보아야 합니다. 셋째, 원리는 실생활 속에서 부딪치는 필요, 관심, 의문, 문제점들에 대하여 해결점을 마련해 줘야 합니다. 넷째, 원리는 우리가 따라야 할 행동을 구체적으로 지적해 줘야 합니다. 우리의 행동을 유발시킬 때에만, 그 원리의 효력이 발생되기 때문입니다.

하나님의 말씀의 강조점

하나님의 말씀은 외부적인 종교적 허식보다는 내적 생명을 강조합니다. 그리스도인들의 믿음은 외적인 것들로 평가해서는 안 됩니다. 음식을 먹는 것, 옷을 입는 것, 그밖에 선한 행위를 가지고 영적인 것들을 평가해서는 안 됩니다. 그러므로 바리새인들처럼 외형적 경건을 전시해 보이는 것은 잘못된 것입니다. "무엇을 꼭 하라. 무엇은 꼭 하지 말라"는 것을 잘 지키는 것이 중요한 것이 아니라 영원한 생명을 얻으며, 믿음, 소망, 사랑과 같은 내적인 것들이 더 중요합니다.

그러므로 성경 말씀은 우리의 지침이 될 정신을 강조합니다.
마가복음 9장 43-47절 말씀을 생각해 보십시오.

"만일 네 손이 너를 범죄하게 하거든 찍어버리라 장애인으로 영생에 들어가는 것이 두 손을 가지고 지옥 곧 꺼지지 않는 불에 들어가는 것보다 나으니라 만일 네 발이 너를 범죄하게 하거든 찍어버리라 다리 저는 자로 영생에 들어가는 것이 두 발을 가지고 지옥에 던져지는 것보다 나으니라 만일 네

눈이 너를 범죄하게 하거든 빼버리라 한 눈으로 하나님의 나라에 들어가는 것이 두 눈을 가지고 지옥에 던져지는 것보다 나으니라"

이 말씀은 만일 손이나 발이나 눈이 죄를 범하면 손을 찍어 버리고, 발을 찍어 버리고, 눈을 빼버리라는 말씀을 실천하라는 것이 아니라 죄와 지옥을 경고하는 정신이 들어 있습니다.

또한 마태복음 18장 21-22절을 생각해 보십시오. "그 때에 베드로가 나아와 이르되 주여 형제가 내게 죄를 범하면 몇 번이나 용서하여 주리이까 일곱 번까지 하오리이까 예수께서 이르시되 네게 이르노니 일곱 번뿐 아니라 일곱 번을 일흔 번까지라도 할지니라"

예수님께서 베드로에게 일흔 번씩 일곱 번이라도 용서하라는 것은 용서의 횟수를 말하기보다는 용서의 정신을 강조하신 것입니다.

또한 마태복음 5장 39-42절을 생각해 보십시오. 이 말씀에서 "오른 뺨을 칠 때 왼 뺨을 돌려 대라, 오리를 동행하려는 자에게 십리를 동행해 주며, 속옷을 가지고자 하는 자에게 겉옷까지 주라'고 한 경우에도 구체적인 지시보다는 정신을 강조하고 있습니다.

하나님의 말씀의 실례들

성경 말씀에 어떤 실례가 기록되었을 경우에는 어떻게 해야 합니다.

첫째로 성경 말씀의 기록과 그것을 시인하는 것을 구별해야 합니다.

말씀에 어떤 내용이 기록되어졌다고 그것을 시인하는 것은 아닙니다. 이것은 어떤 신문에 살인 기사가 실렸다고 해서 그 신문사가 살인 행위는 좋은 일이라고 믿는 것이 아닌 것과 같습니다. 성경에는 살인, 강간, 거짓말, 근친상간, 사기, 죄악 된 행위, 마귀 사탄이 한말, 믿지 않는 사람이 한말도 기록되어 있습니다.

둘째로 우리는 성경 말씀이 인정하는 것은 직접적으로 우리의 생활에 적용해야 합니다.

확실하게 사울 왕의 거역, 다윗 왕의 부도덕한 행위, 압살롬의 교만, 유다의 배신, 베드로의 예수님을 부인하는 것, 아나니아와 삽비라의 거짓말 등은 해서는 안 될 일들의 실제의 예들입니다. 그러나 아브라함의 순종, 모세의 순종, 엘리야의 충성, 사도 요한의 사랑 등은 우리가 따라야 할 위대한 본보기입니다.

셋째로 하나님의 말씀에서 개개인에게 내린 특별한 명령은 모든 그리스도인 전체를 향한 하나님의 뜻이 아닙니다.

아브라함은 자기 아들을 제물로 바치라는 명령을 받았습니다. 그러나 그 명령은 우리 모든 아버지들에게 내린 명령이 아닙니다. 하나님은 여호수아에게 군대를 이끌고 가나안땅을 점령할 때 닥치는 대로 죽이라고 명령하셨습니다. 그러나 오늘날 모든 군대가 전쟁에서 닥치는 대로 다 죽이라는 것은 아닙니다. 또한 예수님은 요한복음 마지막 부분에서 베드로가 참혹한 죽음을 당할 것을 말씀하셨습니다.
그러나 우리 모두가 그렇게 죽어야 되는 것은 아닙니다.

누가복음 24장 49절을 생각해 보십시오. "볼지어다 내가 내 아버지께서 약속하신 것을 너희에게 보내리니 너희는 위로부터 능력으로 입혀질 때까지 이 성에 머물라 하시니라" 이 말씀은 오순절 직전에 예수님께서 그의 제자들에게 명령하신 것입니다. 예수님은 역사의 한 시점에서 특별한 무리에게 명령하신 것입니다.

또 예수님은 한 때 어떤 젊은이에게 이렇게 말씀했습니다. "예수께서 이르시되 네가 온전하고자 할진대 가서 네 소유를 팔아 가난한 자들에게 주라 그리하면 하늘에서 보화가 네게 있으리라 그리고 와서 나를 따르라 하시니"(마 19:21)

이 말씀의 문맥을 살펴보면 재산은 이 젊은이에게 우상이 되어 있었으며, 예수님을 따르지 못하게 하는 장애가 되어 있었습니다. 그러므로 예수님께서는 이 명령을 이 젊은이에게 하셨지 우리 모든 사람에게 하신 것은 아닙니다. 이와 같이 어떤 특정한 명령은 특정한 개인이나 무리에게 한정되어 있다는 것을 알아야 합니다.

넷째로 하나님의 말씀에 나타난 위대한 인물들의 생애를 살펴보고 그들의 삶에 나타난 영적 원리들을 적용해야 합니다.

요셉은 자기에게 해를 입힌 형제들이 찾아와 용서를 빌 때에도 모든 것을 하나님께 맡기고 용서했습니다(창 50:15-21). 우리도 요셉의 행동을 통해서 영적인 원리를 배우고 다른 사람이 우리에게 잘못했을 때에도 상대방을 정죄하기 보다는 모든 것을 하나님께 맡기고 용서할 수 있어야 합니다.

다섯째로 우리는 성경 말씀의 실례들을 생활에 적용할 때 성경 말씀의 상황을 문자 그대로 재현할 필요는 없습니다. 주님의 만찬을 하기 위해서 마가의 다락방을 찾아갈 필요는 없다는 것입니다.

하나님의 말씀의 약속들

하나님의 말씀에 나와 있는 약속들을 어떻게 이해하고 적용해야 하겠습니까? 첫째로 성경에서 약속하고 있는 내용이 보편적인가를 검토해야 합니다.

요한계시록 22장 17절을 생각해 보십시오. "성령과 신부가 말씀하시기를 오라 하시는도다 듣는 자도 오라 할 것이요 목마른 자도 올 것이요 또 원하는 자는 값없이 생명수를 받으라 하시더라" 이 말씀에서 '원하는 자는' 누구든지 생수를 살 수 있습니다.

요한복음 3장 16절도 생각해 보십시오. "하나님이 세상을 이처럼 사랑하사 독생자를 주셨으니 이는 그를 믿는 자마다 멸망하지 않고 영생을 얻게 하려 하심이라" 이 말씀에서는 누구든지 믿기만 하면 영생을 얻는다고 기록되어 있습니다.

둘째로 성경 말씀에서 약속하고 있는 내용이 개인적인가를 검토해야 합니다.

사도행전 18장 9-10절을 생각해 보십시오. "밤에 주께서 환상 가운데 바울에게 말씀하시되 두려워하지 말며 침묵하지 말고 말하라 내가 너와 함께 있으매 어떤 사람도 너를 대적하여 해롭게 할 자가 없을 것이니 이는 이 성중에 내 백성이 많음이라 하시더라" 이 약속은 사도 바울 개인에게만 약속되어 있는 내용입니다.

셋째로 성경 말씀에서 약속하고 있는 내용이 조건적인가를 검토해야 합니다.

야고보서 4장 8절을 생각해 보십시오. "하나님을 가까이하라 그리하면 너희를 가까이하시리라 죄인들아 손을 깨끗이 하라 두 마음을 품은 자들아 마음을 성결하게 하라" 이 약속은 조건적인 약속입니다. 하나님의 약속의 축복을 받기 전에 먼저 인간이 조건을 이행해야 합니다. 또한 조건적인 약속은 여러 형태로 나옵니다.

어떤 것은 조건이 표면에 쉽게 드러나 있습니다. 대개 "네가, 만일" 등의 문구로 되어 있습니다. 그러나 간접적인 조건도 있습니다.

사무엘상 2장 30절이 그러한 예입니다. "그러므로 이스라엘의 하나님 나 여호와가 말하노라 내가 전에 네 집과 네 조상의 집이 내 앞에 영원히 행하리라 하였으나 이제 나 여호와가 말하노니 결단코 그렇게 하지 아니하리라 나를 존중히 여기는 자를 내가 존중히 여기고 나를 멸시하는 자를 내가 경멸하리라"

이 말씀은 '나를 존중히 대하면 내가 그를 존중히 대한다.' 는 하나님의 말씀입니다. 그러나 어떤 조건들은 성경 본문의 문맥에서 찾을 수 있습니다. 그러한 경우가 이사야 58장의 말씀입니다.

넷째로 성경에서 약속하고 있는 내용이 현재를 위한 것인가를 검토해야 합니다.

성경의 약속에는 과거 이스라엘에게만 국한 된 것이 있고 또한 미래에 국한 된 것이 있습니다. 그러므로 과거의 약속인지 현재의 약속인지를 분별하여 적용하여야 합니다.

약속의 말씀의 주장(Words of Promise)

말씀의 약속을 주장하는 것은 하나님의 자녀인 우리에게 주어진 하나님의 말씀 속에 있는 하나님의 약속들로서 우리가 하나님의 약속의 말씀을 믿고 주장할 때 하나님의 역사를 이루게 하는 말씀입니다. 하나님의 말씀 속에는 우리에게 분명히 약속한 말씀이 있습니다. 하나님의 말씀 속에는 우리가 이행해야할 조건이 있습니다. 그러므로 하나님의 말씀 속에서 만약과 만일(If)을 찾아보십시오. 이것은 우리가 이행해야 할 조건들입니다. 또한 그리하면(Them)을 찾아보십시오.
이것은 하나님께서 자신의 약속을 이행해 주시겠다는 약속들입니다(잠 3:1-10).

말씀의 약속을 주장하는 이유

그리스도인은 하나님의 역사를 이루기 위해서 성경 속에 있는 약속의 말씀을 주장합니다. 그러므로 우리가 성경에서 우리를 향한 하나님의 약속들을 찾아서 주장한다면 하나님의 역사를 체험할 수 있습니다. 우리가 약속의 말씀을 주장한다면 목표 지향적인 삶을 살 수 있습니다. 우리가 성경 말씀을 묵상하다가 우리를 향한 약속의 말씀을 발견하고 그것을 이루기 위해서 노력한다면 우리는 영적인 목표를 위해서 실천할 수 있습니다.

창세기 12장에 등장하는 아브라함을 생각해 보십시오. 그는 하나님을 통해서 놀라운 약속을 받게 됩니다. 하나님께서는 아브라함에게 복을 주어서 아브라함의 이름을 창대케 해주겠다는 약속해 주셨습니다. 또한 아브라함을 통해서 큰 민족을 이루게 하겠다고 약속해 주셨습니다. 또한 아브라함의 씨를 통해서 땅의 모든 족속이 복을 얻게 하겠다고 약속해 주셨습니다. 또한 아브라함을 복의 근원이 되게 해주겠다고 약속해 주셨습니다. 그러므로 아브라함은 하나님의 약속을 믿고 목표 지향적인 삶을 살았습니다.

우리 그리스도인들도 하나님께 놀라운 축복을 약속 받았다면 그것을 이루기 위해서 노력하지 않겠습니까? 그러므로 하나님의 말씀 속에는 우리를 향한 놀라운 축복이 약속되어 있습니다. 우리는 성경 말씀을 묵상하시면서 그 약속을 찾아서 주장해야 합니다. 만약 우리가 하나님으로부터 약속의 말씀을 받고 그것을 주장하면서 실천한다면 우리는 하나님의 축복을 경험할 수 있습니다. 그때 우리는 하나님의 말씀을 체험하며 믿음이 성장하게 됩니다.

그러므로 약속의 말씀을 받고 주장하는 사람은 자기를 신뢰하지 않고 말씀을 의뢰하게 됩니다. 또한 하나님께 약속의 말씀을 받은 사람은 비록 현재가 어려워도 실망하지 않고 낙심하지 않을 수 있습니다. 그리고 정신을 차리고 하나님을 바라볼 수 있습니다.

약속의 말씀을 찾는 방법

그리스도인의 기본적인 삶을 살면서 약속의 말씀을 찾습니다. 성경 읽기와 경건의 시간과 성경 암송을 통해서 약속의 말씀을 찾습니다. 그리고 우리는 약속의 말씀을 달라고 기도해야 합니다. 그리고 말씀을 가까이하면서 약속의 말씀을 찾습니다. 그리고 다른 성도들과 말씀 중심의 교제를 하면서 약속의 말씀을 찾을 수도 있습니다. 교회에서 선포되는 설교를 들으면서 약속의 말씀을 찾을 수 있습니다.

소그룹 성경 공부에서 약속의 말씀을 찾을 수 있습니다. 다양한 세미나에 참석해서 약속의 말씀을 찾을 수 있습니다. 지도자에게 상담을 받으면서 약속의 말씀을 찾을 수 있습니다. 여름이나 겨울 수련회에 참석했을 때 약속의 말씀을 찾을 수 있습니다. 우리는 약속의 말씀을 오랜 기간 동안 묵상해 보고 "이 말씀은 나를 향한 하나님의 약속의 말씀이다."라고 말하면서 확정지어야 합니다.

약속의 말씀을 주장하는 방법

경건의 시간에 성경에서 발견한 약속의 말씀을 묵상하는 시간을 갖습니다. 그리고 기도하면서 그 약속의 말씀을 주장합니다. 그리고 그 약속의 말씀을 암송 카드에 적어서 수시로 묵상하며 복습하면서 주장합니다.

우리는 그 약속의 말씀을 자주 인용하고 간증할 때 사용할 수도 있습니다. 교제할 때나 편지를 쓸 때나 전화할 때 사용할 수 있습니다.

책상이나 방안이나 수첩이나 벽에 써 붙여 놓고 바라보며 약속의 말씀을 주장할 수 있습니다.

첫째로 모세도 약속의 말씀을 주장했습니다.

"주의 종 아브라함과 이삭과 이스라엘을 기억하소서 주께서 그들을 위하여 주를 가리켜 맹세하여 이르시기를 내가 너희의 자손을 하늘의 별처럼 많게 하고 내가 허락한 이 온 땅을 너희의 자손에게 주어 영원한 기업이 되게 하리라 하셨나이다"(출 32:13)

모세가 시내산에서 40일 동안 하나님의 언약의 돌 판을 받는 거룩한 일정을 보내고 시내산에서 내려와 보니 산 아래에서는 아론을 위시한 백성들이 부패하여 불안 극복책으로 금송아지 신상을 만들어 놓고 심히 가증한 우상숭배의 죄를 범하고 있었습니다. 실로 이스라엘 백성들의 범죄는 몸은 애굽을 나왔으나 마음은 아직 애굽의 노예로 남아 있음을 보여줍니다. 결국 하나님께서는 진노하셔서 그들을 진멸하고 모세를 통해서 다시 큰 나라를 세우겠다고 말씀하십니다. 그때 모세는 하나님께 중보 기도를 하는데 그는 하나님의 약속을 주장하면서 중보 기도를 하였습니다.

"하나님, 당신의 종들인 아브라함과 이삭과 야곱을 기억하십시오. 하나님께서는 그들에게 자손을 하늘의 별들처럼 많이 해주시겠다고 약속하셨습니다. 가나안땅을 그들의 자손들에게 주시겠다고 약속하셨습니다. 그러므로 그들을 진멸하실 수 없습니다."

결국 모세가 약속의 말씀을 주장하는 기도를 드리자 하나님께서는 뜻을 돌이키시고 이스라엘백성들을 진멸시키지 않으셨습니다.

"여호와께서 뜻을 돌이키사 말씀하신 화를 그 백성에게 내리지 아니하시니라"(출 32:14)

둘째로 야곱도 약속의 말씀을 주장했습니다.

"이르되 에서가 와서 한 떼를 치면 남은 한 떼는 피하리라 하고 야곱이 또 이르되 내 조부 아브라함의 하나님, 내 아버지 이삭의 하나님 여호와여 주께서 전에 내게 명하시기를 네 고향, 네 족속에게로 돌아가라 내가 네게 은혜를 베풀리라 하셨나이다 나는 주께서 주의 종에게 베푸신 모든 은총과 모든 진실하심을 조금도 감당할 수 없사오나 내가 내 지팡이만 가지고 이 요단을 건넜더니 지금은 두 떼나 이루었나이다 내가 주께 간구하오니 내 형의 손에서, 에서의 손에서 나를 건져내시옵소서 내가 그를 두려워함은 그가 와서 나와 내 처자들을 칠까 겁이 나기 때문이니이다 주께서 말씀하시기를 내가 반드시 네게 은혜를 베풀어 네 씨로 바다의 셀 수 없는 모래와 같이 많게 하리라 하셨나이다"(창 32:8-12)

야곱은 형 에서와 맞닥뜨려야 하는 일생일대의 위기를 목전에 두고 필사적인 생존전략으로 인위적인 자구책을 강구하기도 하지만 그는 약속의 말씀을 주장하는 기도를 하나님께 드렸습니다.

"하나님, 하나님께서 나에게 나의 고향과 나의 족속에게로 돌아가라고 명령하시지 않았습니까? 돌아가면 하나님께서 저에게 은혜를 베풀어주시겠다고 약속하셨습니다. 주님께서 분명히 말씀하셨습니다. 나에게 은혜를 베풀어 나의 씨로 바다의 셀 수 없는 모래와 같이 많게 해주시겠다고 약속하셨습니다. 그러므로 내 형 에서의 손에서 건져주십시오."

셋째로 여호사밧도 약속의 말씀을 주장했습니다.

"여호사밧이 여호와의 전 새 뜰 앞에서 유다와 예루살렘의 회중 가운데 서서 이르되 우리 조상들의 하나님 여호와여 주는 하늘에서 하나님이 아니시니이까 이방 사람들의 모든 나라를 다스리지 아니하시나이까 주의 손에 권세와 능력이 있사오니 능히 주와 맞설 사람이 없나이다 우리 하나님이시여 전에 이 땅 주민을 주의 백성 이스라엘 앞에서 쫓아내시고 그 땅을 주께서 사랑하시는 아브라함의 자손에게 영원히 주지 아니하셨나이까 그들이 이 땅에 살면서 주의 이름을 위하여 한 성소를 주를 위해 건축하고 이르기를 만일 재앙이나 난리나 견책이나 전염병이나 기근이 우리에게 임하면 주의 이름이 이 성전에 있으니 우리가 이 성전 앞과 주 앞에 서서 이 환난 가운데에서 주께 부르짖은즉 들으시고 구원하시리라 하였나이다"(대하 20:5-9)

역대하 20장 1-30절에 의하면 모압 자손과 암몬 자손과 마온 사람들이 연합해서 큰 무리를 지어 이스라엘과 여호사밧 왕을 치러 왔습니다. 이러한 위기에서 여호사밧 왕은 하나님의 말씀을 통해서 하나님의 약속을 정확하게 알고 있었습니다. 그래서 그 약속을 붙잡고 이렇게 기도합니다.

"하나님이 과거에 성전을 건축하고 이 성전에서 하나님께 부르짖으면 분명히 하나님께서 응답해 주신다고 말씀하시지 않았습니까? 그래서 저는 그 약속을 믿고 이 성전에서 하나님께 기도하고 있습니다. 그러므로 들어주십시오."

그러므로 우리가 기도하기 전에 하나님의 약속의 말씀을 찾아야 합니다. 우리 하나님께서는 결코 약속을 어기시는 분이 아니시기 때문입니다. 그래서 모세는 이렇게 말하고 있습니다.

"하나님은 사람이 아니시니 거짓말을 하지 않으시고 인생이 아니시니 후회가 없으시도다 어찌 그 말씀하신 바를 행하지 않으시며 하신 말씀을 실행하지 않으시랴"(민 23:19)

넷째로 바울도 약속의 말씀을 주장했습니다.

"주께서 이르시되 가라 이 사람은 내 이름을 이방인과 임금들과 이스라엘 자손들에게 전하기 위하여 택한 나의 그릇이라 그가 내 이름을 위하여 얼마나 고난을 받아야 할 것을 내가 그에게 보이리라 하시니"(행 9:15-16)

"내가 속한 바 곧 내가 섬기는 하나님의 사자가 어제 밤에 내 곁에 서서 말하되 바울아 두려워하지 말라 네가 가이사 앞에 서야 하겠고 또 하나님께서 너와 함께 항해하는 자를 다 네게 주셨다 하였으니 그러므로 여러분이여 안심하라 나는 내게 말씀하신 그대로 되리라고 하나님을 믿노라"(행 27:23-25)

사도 바울은 죄수로 잡혀 로마로 호송되다가 '유라굴라'라는 태풍을 만나서 죽을 처지에 놓이게 되었습니다. 그의 처지를 한 번 살펴보십시오.

"얼마 안 되어 섬 가운데로부터 유라굴로라는 광풍이 크게 일어나니 배가 밀려 바람을 맞추어 갈 수 없어 가는 대로 두고 쫓겨가다가 가우다라는 작은 섬 아래로 지나 간신히 거루를 잡아 끌어 올리고 줄을 가지고 선체를 둘러 감고 스르디스에 걸릴까 두려워하여 연장을 내리고 그냥 쫓겨가더니 우리가 풍랑으로 심히 애쓰다가 이튿날 사공들이 짐을 바다에 풀어 버리고 사흘째 되는 날에 배의 기구를 그들의 손으로 내버리니라 여러 날 동안 해도 별도 보이지 아니하고 큰 풍랑이 그대로 있으매 구원의 여망마저 없어졌더라"(행 27:14-20)

이 말씀에 의하면 구출될 가능성은 전혀 없었습니다. 그러나 비록 여러 날 동안 해와 별은 보이지 않고 태풍은 그대로 있으며 사람들은 살려달라고 아우성치고 있었지만 사도 바울에게는 그런 상황 속에서도 붙잡을 하나님의 약속이 있었습니다.

하나님께서는 사도 바울을 구원하시며 이방인의 사도로 소명하실 때부터 약속의 말씀을 주셨습니다. 그것은 사도 바울이 이방인과 임금들에게 예수 그리스도의 이름을 전하기 위하여 선택한 하나님의 그릇이었습니다. 또한 하나님께서는 사도 바울이 가이사 앞에 서서 말씀을 전하게 된다고 약속해 주셨습니다. 그러므로 사도 바울은 그 하나님의 약속의 말씀을 주장했습니다.

그러므로 하나님의 말씀 성경 속에는 공급의 약속과 구원의 약속과 비전의 약속과 전도에 필요한 약속과 승리의 약속과 성결과 성별에 필요한 약속과 건강의 약속과 삶의 변화를 위한 약속과 양육에 필요한 약속과 새로운 새해가 시작될 때 필요한 약속과 새로운 새달이 시작될 때 필요한 약속과 매일 매일의 약속과 하나님의 임재에 대한 약속과 사랑해 주시고 보살펴 주신다는 약속과 결혼에 필요한 약속과 지도력에 필요한 약속과 대인관계에 필요한 약속과 담대함을 주신다는 약속과 약점을 극복할 수 잇는 약속과 헌금 생활을 위한 약속과 평안을 주신다는 약속과 능력을 주신다는 약속과 지혜를 주신다는 약속과 도와 주신다는 약속과 가족과 자녀 돌봄 등의 약속의 말씀이 있습니다.

어떤 사람들은 자기 자신만의 약속의 말씀을 갖기를 원합니다. 그래서 다른 사람이 자신이 좋아하는 말씀을 주장하면 그 약속의 말씀을 써먹어 버렸다고 생각하기 쉽습니다. 그러나 하나님 말씀은 모든 사람에게 주어졌습니다.

그러므로 다른 사람이 주장했다하더라도 우리가 다시 주장 할 수 있습니다. 어떤 말씀이 나에게 약속했다는 확신이 없을 때는 그 말씀을 계속 묵상해 보아야 합니다.

또한 성경에서 꼭 만약(If)과 그리하면(Them)의 말씀만 약속의 말씀일까요? 그것은 아닙니다. 하나님은 어떤 말씀이든지 약속의 말씀으로 주실 수 있습니다. 그러나 성경 본문의 해석에서 벗어난 약속의 말씀을 주장하는 것은 잘못된 것입니다.

또한 약속의 말씀이 나에게 잘 이루어지지 않을 때는 이미 이루어졌는지를 검토해 보아야 합니다. 또한 동기가 순수한지를 검토해 보아야 합니다. 또한 말씀에 대한 확신과 믿음이 있는가를 검토해 보아야 합니다.

04. 그리스도인의 기도

　수레바퀴의 삶에서 넷째는 그리스도인의 기도하는 생활입니다. 그리스도인의 삶에 있어서 기도만큼 중요한 것이 없습니다. 우리가 신앙생활을 잘할 수 있는 비결이 무엇입니까? 우리는 이 어려운 세상에서 어떻게 신앙생활을 잘할 수 있습니까? 기도가 비결입니다. 기도에 성공하는 사람이 신앙생활에서 성공하고 하나님의 축복 속에서 살아갈 수 있습니다. 기도야말로 아무리 강조해도 지나치지 않습니다. 우리의 기도는 모든 것을 가능하게 하기 때문입니다.

　그러므로 우리가 기도생활에 실패하면 결코 신앙생활에서 승리할 수 없습니다. 우리 그리스도인은 자신이 기도한 만큼만 강건하게 살아갈 수 있습니다. 기도는 단순히 우리가 하나님께 직접 대화하는 것이기 때문에 중요합니다. 우리는 예수 그리스도와의 적절한 대화를 통해서 관계가 더욱 깊어집니다.

우리는 올바른 기도 생활을 통해서 우리의 삶에 하나님과의 대화가 트이고 승리하는 삶을 살 수 있습니다.

기도는 무엇인가?

첫째, 기도는 신앙생활의 기초이며 출발입니다.

우리는 무엇보다도 기도생활에 성공해야 합니다. 모든 것을 기도로 시작해야 합니다. 모든 실패의 원인은 기도하지 않기 때문에 일어납니다. 우리가 기도에 성공할 때 모든 것에 성공할 수 있습니다. 우리는 기도 생활에 성공함으로 승리할 수 있습니다. 우리가 위급할 때만 기도하고, 우리에게 질병이 찾아올 때만 기도하고, 우리에게 물질이 궁핍할 때만 기도하고, 우리가 난관에 봉착했을 때만 기도하는 것은 잘못된 태도입니다.

우리는 항상, 언제나, 늘, 수시로, 무시로, 지속적으로, 끊임없이, 응답이 올 때까지 기도해야 합니다. 그러므로 우리 그리스도인의 삶에서 가장 중요한 것은 기도입니다. 그래서 사도 바울은 "쉬지 말고 기도하라"(살전 5:17)고 했습니다. 이것은 기도하는 자세로 삶을 살아가라는 것입니다. 또한 응답이 올 때까지 기도하라는 것입니다. 그러므로 우리는 기도로 하나님을 붙잡아야 합니다. 이사야는 안타깝고 애절한 마음으로 기도하지 않는 사람들에 대해 이렇게 말합니다. "주님을 부르는 자가 없으며 스스로 분발하여 주를 붙잡는 자가 없사오니"(사 64:7) 그러므로 우리는 기도를 통해서 주님을 붙잡아야 합니다.

둘째, 기도는 하나님과의 대화이며 생명입니다.

우리는 기도를 통해서 하나님과 교통할 수 있다는 사실이 얼마나 놀라운가를 알아야 합니다. 어떤 사람들은 죽은 사람과 교통하려고 노력을 합니다. 하지만 우리는 살아계신 하나님과 교제하며 대화할 수 있습니다. 우리 그리스도인에게 있어서 기도는 생명과도 같습니다. 우리가 무엇을 먹어야 우리의 생명을 유지할 수 있는 것처럼 우리의 영도 기도할 때 영적인 생명을 유지할 수 있습니다.

어머니가 아기를 임신하면 어머니와 아기를 연결시켜 주는 것은 탯줄입니다. 아기는 탯줄이 있기 때문에 생명을 유지할 수 있습니다. 아기는 어머니의 탯줄로부터 영양분을 공급받음으로 말미암아 무럭무럭 자라게 됩니다. 마찬가지로 우리 그리스도인들도 기도로 하나님과 연결되어 있어야 영적인 생명을 유지할 수 있습니다. 어머니가 아기에게 영양분을 공급해 주는 것이 탯줄이라면, 우리가 하나님으로부터 영양분을 공급받는 것은 바로 기도입니다. 그러므로 우리는 영적인 생명을 유지하기 위해서 반드시 기도해야 합니다.

셋째, 기도는 하늘 아버지께 우리의 필요를 구하는 것입니다.

모든 사람은 누구나 원하는 것이 있습니다. 공부를 잘 하는 것, 부모님이 건강하게 되는 것, 가정이 화목하게 되는 것, 다른 사람들과 인간관계를 잘 맺는 것, 사업에서 성공하는 것, 자신의 아름다운 꿈을 성취하는 것 등 우리가 원하는 것은 너무나 많습니다. 그러나 이 모든 것은 하나님께 기도하므로 응답을 받을 수 있습니다.

우리는 기도로 하늘의 보물창고를 열 수 있습니다. 하늘의 광대한 창고는 우리를 위한 축복들로 가득합니다. 그러므로 우리는 기도로 하늘의 보고를 열고, 모든 것을 꺼내 쓸 수 있습니다. 기도는 만사를 변화시킬 수 있는 무기입니다. 세상만사가 우리의 기도에 달려 있습니다. 기도하지 않는 사람은 결코 받을 수 없습니다. 하나님은 기도하는 사람에게만 응답해 주시기 때문입니다.

"그의 뜻대로 무엇을 구하면 들으심이라"(요일 5:14-15) 이 말씀에서 강조하는 것이 무엇입니까? 바로 응답입니다. 기도응답은 놀라운 것이 아니라 자연스러운 것입니다.

우리가 기도할 때 하나님께 가까이 나아가므로 하나님께서도 우리의 모든 필요에 충분히 대처하시는 것입니다. 하나님은 우리의 삶의 모든 영역에서 활동하시며 심지어 구하기 전에도 무엇이 필요한지 정확하게 아시는 분이십니다(마 6:8). 하나님은 우리를 그분 자신에게로 이끌어 그분을 만나게 하시기 위하여 때때로 우리의 삶에 궁핍을 허락하십니다(시 50:15).

그러므로 우리의 삶에서 가장 위험한 때는 모든 필요가 충족되어, 어떠한 필요도 느끼지 못하여 하나님을 찾지도 않고, 기도하지도 않을 때입니다(계 3:16-17). 하나님은 우리의 필요를 통해서 우리를 만나 주시고, 우리는 기도를 통해서 우리에게 진정으로 필요한 것은 어떠한 필요보다도 하나님 자신이라는 것을 깨닫게 됩니다.

넷째, 기도는 승리하는 삶을 살아가게 하는 원동력입니다.

우리가 기도하지 않으면 그리스도인의 삶에서 승리할 수 없습니다.

기도하지 않는 사람은 자기의 수단과 방법으로 살아가는 사람입니다. 기도하지 않는 사람은 교만한 사람이요 믿음이 없는 사람입니다. 기도하지 않는 사람은 하나님의 배경으로 살아가지 않고, 자기의 배경과, 자기의 지식과, 자기의 재능으로 살아가는 사람입니다.

그러므로 기도하지 않는 사람은 결코 승리할 수 없습니다. 기도야말로 이 세상에서 가장 강력한 능력입니다. 세상에 영향을 미쳤던 하나님의 위대한 사람들은 모두 다 기도의 사람들이었습니다. 그러므로 기도는 그리스도인으로 하여금 승리하는 삶을 살게 합니다.

다섯째, 기도는 마귀 사탄을 공격하는 무기입니다.

우리가 기도할 때 우리의 삶에 하나님의 능력이 나타나기 때문에 마귀 사탄은 두려워하고 떨게 됩니다. 하지만 우리가 기도하지 않으면 마귀 사탄은 우리를 좋아할 것입니다.

그러므로 마귀 사탄은 우리가 바쁘게 살아가므로 하나님께 기도하지 못하도록 온갖 노력을 다합니다. 그러므로 우리가 기도할 때 세상에서 가장 큰 능력을 소유하는 것이며, 가장 높은 위치에 있기 때문에 우리는 기도로 마귀 사탄을 물리칠 수 있습니다.

여섯째, 기도는 우리의 자아를 처리하는 방법입니다.

기도로 자신의 자아를 처리했던 인물이 바로 야곱입니다(창 32:24-28). 야곱은 씨름을 통해서 하나님을 이긴 것처럼 보이지만 기도는 우리를 위해서 하나님을 움직이거나 그분의 마음을 바꾸게 하는 것이 아닙니다. 오히려 우리가 기도할 때 우리의 자아가 처리되어 하나님의 뜻에 순종하게 됩니다. 그러므로 야곱은 하나님께 기도함으로 자신의 자아를 처리하고 새로운 사람으로 변화되어 하나님의 뜻을 실천했던 사람으로 변화 되었습니다.

그러므로 우리가 하나님께 쓰임 받는 사람이 되기 위해서 하나님께 모든 것을 내려놓는 기도를 드려야 합니다. 사실 우리 그리스도인들은 예수님을 우리의 구세주로 모시는 순간부터 예수님께 모든 것을 내려놓고 그분을 생활의 주인으로 모시고 살아가야 합니다. 하나님께 모든 것을 내려놓지 않으면 자신이 자기의 생활을 이끌어 나가는 것이 헛되다는 것을 깨닫고 하나님께 모든 것을 내려놓는 순간이 반드시 오게 되어 있습니다. 하나님이 우리를 만드셨기 때문에 우리를 가장 잘 이해하시고 우리를 어떻게 다루어야 하는지 알고 계시기 때문에 우리는 하나님께 모든 것을 내려놓으면 되는 것입니다.

그러므로 하나님께 모든 것을 내려놓는 기도를 드려야 합니다.

"하나님, 저는 나의 생활에서 손을 떼고 싶습니다. 하나님께서 저의 생활을 이끌어 주십시오. 하나님, 이제 나의 모든 것을 하나님께 맡깁니다. 모든 것을 감당하고 옳은 사람이 되기 위해서 내가 할 수 있는 모든 방법을 다 써 보았지만 항상 실패하였습니다. 이제 내 몸을 하나님께 드립니다. 하나님께서 마음대로 내 안에서 역사 하시고 보시기에 좋은 그릇으로 만들어 주십시오. 이제 나를 하나님의 손에 맡기고 하나님 뜻대로 살게 도와주십시오. 그러므로 하나님께 영광을 돌릴 수 있는 그릇으로 만들어 주십시오, 거룩한 사람으로 변화되어 하나님께서 사용하시기에 합당한 사람으로 만들어 주십시오. 모든 선한 일을 할 수 있는 그릇으로 만들어 주십시오. 이제 하나님만 신뢰하겠습니다. 제 몸을 맡기며 영혼과 정신을 바치오니 하나님의 사랑과 지혜로 저를 인도하여 주십시오. 저는 이제 하나님의 것이며 제가 하나님께 드리는 것을 받아 주실 줄 믿습니다. 나는 보잘 것 없고, 약하며, 어리석지만 이제 하나님께서 제 안에서 역사하실 줄 믿습니다. 이제 하나님을 의뢰합니다."

일곱째, 기도는 그리스도인의 신앙훈련입니다.

오늘날 그리스도인에게 있어서 가장 힘들고 하기 어려운 것이 기도입니다. 기도를 해본 사람은 기도가 얼마나 어려운가를 잘 압니다. 기도를 하지 못하는 사람들도 기도하기가 얼마나 어려운가를 잘 압니다. 그러므로 우리는 기도훈련을 받아야 합니다. 사도 바울은 "오직 경건에 이르기를 연습하라"(딤전 4:7)고 말했습니다. 여기서 연습하라는 말은 신앙의 훈련을 하라는 말입니다.

우리가 기도를 어떻게 배울 수 있습니까? 기도는 우리가 실제로 기도를 실천함으로 배우게 됩니다. 그러므로 우리는 기도훈련을 해야 합니다. 우리가 기도훈련을 받지 않으면 우리의 기도생활이 이루어지지 않습니다. 우리는 기도훈련을 받고, 기도로 마귀 사탄과의 전투를 시작하여 기도의 응답의 고지를 향하여 점령해 들어가야 합니다. 기도로 모든 문제의 고지를 넘어가야 합니다. 우리가 기도의 훈련을 받고, 기도로 무장하고, 기도로 나아가면 어느 누구도 우리를 막을 수 없습니다.

하지만 우리가 기도훈련에 실패하면 지속적으로 기도를 할 수 없습니다. 세상에서 우리의 기도생활을 방해하는 사람은 다른 사람이 아니라 우리 자신이라는 것을 잊지 말아야 합니다. 그러므로 우리는 기도에 깨어있어야 합니다. "모든 기도와 간구를 하되 항상 성령 안에서 기도하고 이를 위하여 깨어 구하기를 항상 힘쓰며 여러 성도를 위하여 구하라"(엡 6:18)

우리는 기도훈련을 받고 기도하는 것이 습관화되어야 합니다. 우리 예수님께서도 습관을 좇아 감람산과 겟세마네 동산에 가셔서 기도를 하셨습니다(눅 22:39). 베드로와 요한도 사도행전 3장에서 일정한 기도 시간에 성전에 들어가다가 앉은뱅이를 일으키는 기적을 베풀었습니다(행 3:1-10). 다니엘도 기도가 습관화 되어 있었기 때문에 기도하면 사자 굴에 들어간다는 사실을 알면서도 하나님께 기도했습니다(단 6:7-13). 우리는 잘못된 습관은 빨리 들지만 기도하는 좋은 습관은 잘 이루어지지 않습니다. 그러므로 우리는 기도가 몸에 배어야 기도를 잘 할 수 있기 때문에 기도의 훈련을 받아야 합니다.

왜 기도해야 하는가?

첫째, 우리는 죄를 회개하기 위해서 기도해야 합니다.

우리가 하나님께 죄를 범했을 때 어떻게 죄를 처리할 수 있습니까? 우리는 기도로 하나님께 죄를 자백하고 회개할 수 있습니다. "만일 우리가 우리 죄를 자백하면 그는 미쁘시고 의로우사 우리 죄를 사하시며 우리를 모든 불의에서 깨끗하게 하실 것이요"(요일 1:9)

이스라엘 백성들이 초대 왕을 세울 때를 생각해 보십시오. 그들은 하나님의 통치를 거역하고 인간을 자신들의 왕으로 세워 자신들을 다스려 달라고 요청을 하였습니다. 하지만 그들은 그것이 얼마나 큰 죄인지 깨닫지 못했습니다. 그래서 사무엘은 그것이 얼마나 큰 죄인지 알려주기 위해서 하나님께 기도했습니다.

"너희는 이제 가만히 서서 여호와께서 너희 목전에서 행하시는 이 큰 일을 보라 오늘은 밀 베는 때가 아니냐 내가 여호와께 아뢰리니 여호와께서 우레와 비를 보내사 너희가 왕을 구한 일 곧 여호와의 목전에서 범한 죄악이 큼을 너희에게 밝히 알게 하시리라 이에 사무엘이 여호와께 아뢰매 여호와께서 그 날에 우레와 비를 보내시니 모든 백성이 여호와와 사무엘을 크게 두려워하니라"(삼상 12:16-18)

하나님께서 사무엘의 기도를 들으시고 이스라엘 백성들에게 죄에 대한 심판으로 비와 우레를 보내셨습니다. 이스라엘 백성들에게 아주 중요한 추수시기인데도 불구하고 그 날에 하나님께서 우레와 큰비를 보내셨습니다. 우레 소리가 얼마나 컸던지 자신들이 하나님께 왕을 구한 큰 죄 때문에 자신들은 죽을 것만 같았습니다. 자신들이 열심히 노력해서 농사를 지었지만 큰비가 계속 내리니 추수를 하지 못함으로 죽을 것만 같았습니다.

이스라엘 백성들은 그때서야 자신들이 범했던 엄청난 큰 죄를 깨달았습니다. 그래서 그들은 왕을 구했던 악한 죄를 회개하면서 사무엘에게 하나님께 기도하여 자신들이 죽지 않게 해달라고 기도를 요청했던 것입니다. "모든 백성이 사무엘에게 이르되 당신의 종들을 위하여 당신의 하나님 여호와께 기도하여 우리가 죽지 않게 하소서 우리가 우리

의 모든 죄에 왕을 구하는 악을 더하였나이다"(삼상 12:19)

이스라엘 백성들이 인간의 왕을 구한 죄가 왜 악한 죄입니까? 그것은 하나님의 통치를 거역하는 죄였기 때문입니다. 이러한 죄는 죽을 수도 있었기 때문에 그들은 사무엘에게 자신들이 죽지 않게 해달라고 기도를 부탁했습니다. 그러므로 우리는 기도를 통해서 우리의 죄를 하나님께 회개할 수 있습니다.

둘째, 우리는 죄를 범하지 않기 위해서 기도해야 합니다.

기도생활에 성공하는 사람은 죄를 멀리하고 승리하는 삶을 살 수 있습니다. 하지만 우리가 하나님께 기도하지 않는 것은 하나님께 죄를 범하는 것입니다. 하나님은 우리가 그분께 기도하기를 원하십니다. 우리가 그분과 교제함으로 그분이 주시는 무한한 축복을 경험하기를 원하십니다. 그분은 우리가 하나님과 교제하며 살아가라고 우리를 창조해 주셨고 구원해 주셨습니다. 그러므로 기도는 하나님과의 대화요 교제입니다.

그러므로 기도하지 않는 것은 죄입니다. 우리가 기도하지 않고 있다면 우리는 어서 속히 그 죄를 자백하고 회개해야 합니다. 그래서 사무엘은 이스라엘 백성들의 기도부탁을 듣고 "나는 너희를 위하여 기도하기를 쉬는 죄를 여호와 앞에 결단코 범하지 아니하고 선하고 의로운 길을 너희에게 가르칠 것이다"(삼상 12:23)라고 말했던 것입니다. 그래서 찰스 스폴전은 그리스도인의 기도생활에 대해 이렇게 말합니다.

"우리가 기도하고 싶을 때에는 기도해야 합니다. 왜냐하면 아주 좋은 기회를 소홀히 여기는 것은 죄이기 때문입니다. 우리가 기도하고 싶지 않을 때에도 기도해야 합니다. 왜냐하면 침체상태에서 그대로 머물러 있는 것은 죄이기 때문입니다. 하나님은 우리의 상상을 초월하여 응답하시는 분이십니다. 우리가 생각했던 것보다 더 큰 것으로 응답해 주십니다. 그러므로 우리는 기도해야 합니다."

셋째, 우리는 영적인 질병에 걸리지 않기 위해서 기도해야 합니다.

우리가 기도하지 않고 있다면 우리는 이미 영적인 질병에 걸려 있는 것입니다. 기도는 성도의 호흡이요. 심장의 고동이요. 맥박이기 때문에 우리가 기도하지 않으면 영혼의 맥박이 뛰지 않습니다. 그 결과 우리는 영적인 질병에 걸릴 수밖에 없습니다. 그러나 우리가 열심히 기도하면 영적으로 강건하고 승리하는 삶을 살 수 있습니다. 그러므로 우리는 영적인 질병에 걸리지 않기 위해서 기도해야 합니다.

넷째, 우리는 성령님을 보내 주신 목적을 성취하기 위해서 기도해야 합니다.

하나님께서 우리에게 성령님을 보내주신 이유가 무엇입니까? 로마서 8장 15절은 그 목적을 분명하게 밝히고 있습니다. "너희는 양자의 영을 받았으므로 우리가 아빠 아버지라고 부르짖느니라" 우리에게 성령님을 보내주신 목적은 우리로 하여금 하나님을 찾고 아빠 아버지라 부르짖게 하려는 섭리가 있었기 때문입니다.

갈라디아서 4장 6절에도 "너희가 아들이므로 하나님이 그 아들의 영을 우리 마음 가운데 보내사 아빠 아버지라 부르게 하셨느니라"고

밝히고 있습니다. 그러므로 우리는 성령님의 인도하심에 따라 하나님 아버지께 기도해야 합니다. 그러므로 성령님은 우리를 위해서 기도해 주시는 분이십니다. "이와 같이 성령도 우리의 연약함을 도우시나니 우리는 마땅히 기도할 바를 알지 못하나 오직 성령이 말할 수 없는 탄식으로 우리를 위하여 친히 간구하시느니라"(롬 8:26) 그러므로 우리는 성령님을 보내주신 목적을 성취하기 위해서 기도해야 합니다.

다섯째, 우리는 기도하는 모습이 가장 아름답기 때문에 기도해야 합니다.

하나님께서 우리의 기도하는 모습을 보고 싶어 하십니다. 하나님께서 우리의 기도하는 소리를 듣고 싶어 하십니다. "내가 네 얼굴을 보게 하라 네 소리를 듣게 하라 네 소리는 부드럽고 네 얼굴은 아름답구나" (아 2:14) 이 세상에서 가장 아름다운 모습은 우리의 기도하는 모습입니다. 이 세상에서 가장 아름다운 소리는 우리의 기도하는 소리입니다. 그러므로 우리는 하나님께 기도해야 합니다.

여섯째, 우리는 교만하지 않기 위해서 기도해야 합니다.

교만한 사람은 하나님의 도움이 없이도 잘 해나갈 수 있다고 생각하기 때문에 기도하지 않습니다. 그러므로 기도하지 않는 사람은 교만한 사람입니다. 하지만 하나님께 기도하는 사람은 겸손한 사람입니다. 겸손한 사람은 자기의 무력함을 깨닫고 하나님께 기도하는 사람입니다. 우리가 기도할 때 예수님의 주권을 인정하는 것입니다. 우리가 기도할 때 성령님께서 우리에게 말씀을 통해서 지혜를 주십니다. 사실 우리에게는 순간순간마다 결정해야할 일들이 참으로 많습니다. 그 때마다 우리는 우선적으로 기도부터 해야 합니다. 우리가 기도할 때 우리는 예수님을 주인으로 섬기는 것입니다. 그러므로 우리가 스스로 어떤 결정을 내리기보다 우리는 먼저 기도로 하나님의 뜻을 구해야 합니다.

일곱째, 우리는 아침에 하루를 의탁하기 위해서 기도해야 합니다.

우리는 매일 아침 어떤 목적으로 일어납니까? 어떤 사람들은 일을 하기 위해서 일어납니다. 어떤 사람들은 운동을 하기 위해서 일어납니다. 어떤 사람들은 아침식사를 준비하기 위해서 일어납니다. 하지만 시편 기자는 하나님께 부르짖기 위해서 새벽에 일어났습니다. 그는 날이 밝기도 전에 하나님의 말씀을 묵상하고 기도하기 위해서 일어났습니다.

"내가 날이 밝기 전에 부르짖으며 주의 말씀을 바랐사오며 주의 말씀을 조용히 읊조리려고 내가 새벽녘에 눈을 떴나이다"(시 119:147-148)

그러므로 우리는 아침에 하나님께 기도해야 합니다. 하나님께서 우리에게 매일 새로운 날을 주셨습니다. 아침은 새날을 시작하는 출발점이기 때문에 하루가 의미 있고 보람되고 축복이 넘치는 날이 되기 위해서 하나님과 함께 새날을 출발해야 합니다. 그러므로 우리는 하루를 하나님께 기도로 부탁하며, 우리의 일용할 양식인 하나님의 말씀을 공급해 달라고 기도해야 합니다.

우리는 무엇보다도 하나님은 아침에 우리의 기도를 들으시고 응답하시는 분이시기 때문에 아침에 기도해야 합니다. 다윗이 아침에 기도한 이유가 무엇입니까? "여호와여 아침에 주께서 나의 소리를 들으시리니 아침에 내가 기도하고 바라리이다"(시 5:3). 그는 하나님께서 아침에 자신의 기도에 응답해 주시기 때문에 아침에 기도하고 응답을 소망한다고 고백했습니다.

우리가 아침에 기도해야할 이유가 무엇입니까? 아침은 하루의 첫 부분이기 때문입니다. 첫 시간을 하나님께 드리는 것은 너무나 당연합니다. 아침은 신선하고 생동감 있으며 최고의 상태이기 때문에 이렇게 좋은 아침에 하나님께 기도해야 합니다. 우리가 밤에 적당한 수면과 휴식을 취해서 우리의 영혼이 활기를 되찾은 시간이기 때문에 이런 아침 시간을 하나님께 드리는 것은 너무나 당연합니다. 아침은 다른 일로부터 자유로운 시간이기 때문에 우리는 아침에 하나님께 기도해야 합니다.

예수님께서도 하루 일과를 바쁘게 사셨던 분이셨습니다. 그럼에도 불구하고 그분은 날이 밝기도 전에 일어나 조용한 장소를 찾아 아버지께 기도하시고 하루를 시작하셨습니다. "새벽 아직도 밝기 전에 예수께서 일어나 나가 한적한 곳으로 가사 거기서 기도하시더니"(막 1:35)

하나님께서 아침마다 새로운 축복을 주시기 때문에 우리는 아침에 기도해야 합니다. 하나님은 우리에게 아침마다 새로운 자비와 긍휼을 베푸십니다. "여호와의 인자와 긍휼이 무궁하시므로 우리가 진멸되지 아니함이니이다 이것들이 아침마다 새로우니 주의 성실하심이 크시도소이다"(애 3:22-23) 아침은 하루 일과를 시작하는 시간이기 때문에 하나님께 기도해야 합니다.

오늘도 우리 가족들을 보호해 달라고 기도해야 합니다. 하루 일할 때 지혜를 주시고, 능력을 주시고, 도움을 주시도록 기도해야 합니다. 그날 여행이 계획되어 있다면 하나님께서 동행해 주시고 안전하게 인도해 달라고 기도해야 합니다. 오늘도 새로운 아침을 맞이하게 해주셔서 감사하다고 기도해야 합니다.

여러분은 늘 상쾌한 아침을 맞이하고 있습니까? 편안하게 밤을 보내셨습니까? "내가 누워 자고 깨었으니 여호와께서 붙드심이로다"(시 3:5) 어떤 사람은 잠자리가 마지막 무덤이 되어 아침에 일어나지 못하고 죽은 사람들도 있기 때문입니다. 그러므로 하나님이 우리에게 새로운 아침을 주셨으며, 하나님이 아침에 우리를 도와주시니 우리는 아침에 기도해야 합니다. "새벽에 하나님이 도우시리로다"(시 46:5)

어떤 기도를 드려야 하는가?

첫째, 우리는 세계복음화의 비전 성취를 위해서 기도해야 합니다.

"묵시가 없으면 백성이 방자히 행하거니와"(잠 29:11) 여기 지혜자가 말하는 '묵시'란 환상이요 비전입니다. 그러므로 하나님의 사람은 세계복음화의 비전이 있어야 합니다. 비전이 없으면 망하게 되기 때문입니다. 비전이 없는 사람은 냉소적이고 용기도 없고 담대함도 없어지며 이중적인 삶을 살게 됩니다. 하나님과 세상 사이에서 양다리 걸치고 살아가게 됩니다. 삶이 무의미하고 인생을 허비하게 됩니다.

하지만 비전이 있는 사람은 그 비전을 품고 목표를 향하여 달려갈 수 있습니다. 그러면 우리가 품어야할 세계복음화의 비전이란 무엇입니까? 그것은 하나님의 마음을 품는 것입니다. 우리는 하나님이 보실 수 있는 것을 볼 수 있어야 합니다. 하나님의 마음과 그리스도의 마음속에 무엇이 있었습니까? 예수님의 마음속에 있는 것은 바로 '온 세상'이 있었습니다. 그래서 예수님께서는 온 세상 사람들을 위해서 십자가에 못 박혀 죽으셨습니다.

하나님 아버지와 예수 그리스도의 마음속에는 '온 세상'이 있었습니다. 예수님께서는 돌아가시는 순간까지도 마음속에 온 세계를 품고 계셨습니다. 그래서 세계복음화의 비전이란 하나님의 마음을 품는 것입니다. 우리 하나님 마음속에 있는 온 세계를 우리의 마음에 품는 것입니다. 하나님이 보시는 것처럼 보고, 하늘과 땅의 모든 권세를 가지신 예수님이 세상 끝 날까지 항상 우리와 함께 하신다는 사실을 믿고, 하나님의 능력을 깨닫고, 하나님의 계획에 초점을 맞추는 것이 세계복음화의 비전입니다. 그러므로 우리에게 세계복음화의 놀라운 비전이 있으면 우리는 분명한 삶의 목표와 목적과 방향이 설정됩니다.

그러나 우리에게 세계복음화의 비전이 없으면 방자히 행하게 됩니다. 방자히 행한다는 것은 방황하고 망하는 것입니다. 그래서 목표가 없는 삶은 목적지 없이 항구를 떠나는 배와 같습니다.

그러므로 세계복음화의 비전이 있는 사람은 기도합니다. 하나님이 주신 세계복음화의 비전은 인간의 힘으로 성취할 수 없으며 그 비전은 오직 하나님이 이루어 주시기 때문입니다. 그러므로 우리는 기도해야 합니다. 우리는 하루 밤도 하나님이 주신 세계복음화의 비전이 없이 잠자리에 들지 말아야 하며, 하루아침도 하나님이 주신 세계복음화의 비전이 없이 깨어나지 말아야 하며, 우리는 언제나 세계복음화의 비전과 함께 가야 합니다.

그러므로 우리 하나님은 우리 기도를 통하여 하나님의 뜻을 이루십니다. 하나님은 일방적으로 일하지 않으시고 우리 기도를 통하여 역사하십니다. 그래서 하나님은 에스겔을 통해서 우리가 하나님께 이루어 주기를 구하여야 들어주시겠다고 말씀하셨습니다.

"너희 사방에 남은 이방 사람이 나 여호와가 무너진 곳을 건축하며 황폐한 자리에 심은 줄을 알리라 나 여호와가 말하였으니 이루리라 주 여호와께서 이같이 말씀하셨느니라 그래도 이스라엘 족속이 이같이 자기들에게 이루어 주기를 내게 구하여야 할지라 내가 그들의 수효를 양 떼 같이 많아지게 하되"(겔 36:36-37)

둘째, 우리는 상한 심령으로 통회하는 기도를 해야 합니다.

상한 심령으로 통회하는 기도가 무엇입니까? 하나님 앞에서 우리의 내면에 있는 잘못된 것을 바라보고 안타까워하며 부르짖는 기도입니다. 우리 속에 깊이 내재한 죄를 찾으며 나 자신을 하나님 앞에 드러내는 기도입니다. 지극히 존귀하시며 영원하시며 거룩하신 하나님이 누구와 함께 하십니까?

"지극히 존귀하며 영원히 거하시며 거룩하다 이름하는 이가 이와 같이 말씀하시되 내가 높고 거룩한 곳에 있으며 또한 통회하고 마음이 겸손한 자와 함께 있나니 이는 겸손한 자의 영을 소생시키며 통회하는 자의 마음을 소생시키려 함이라"(사 57:15)

우리 하나님은 높고 거룩한 곳에 거하십니다. 하지만 우리 하나님은 통회하고 마음이 겸손한 자에게도 함께 하시는 분이십니다. 지극히 높은 하늘 보좌에 계시는 하나님이 통회하고 겸손한 마음을 소유한 사람에게 함께 하시는 것입니다. 하나님은 영원히 함께 거하시며, 통회하는 그 마음을 소성시켜 살리시는 하나님이십니다.

그러므로 하나님은 마음이 상한 자를 가까이 하시고 충심으로 통회하는 자를 구원하십니다(시 34:18). 하나님이 받으시는 제사는 상한 심령의 제사입니다. "하나님께서 구하시는 제사는 상한 심령이라 하나님이여 상하고 통회하는 마음을 주께서 멸시하지 아니하시리이다"(시 51:17) 그러므로 다윗은 하나님께 이렇게 기도했습니다. "하나님이여 나를 살피사 내 마음을 아시며 나를 시험하사 내 뜻을 아옵소서 내게 무슨 악한 행위가 있나 보시고 나를 영원한 길로 인도하소서"(시 139:23-24) 그러므로 우리는 하나님께 상한 심령으로 통해하는 기도를 드려야 합니다.

셋째, 우리는 부흥을 위해서 기도해야 합니다.

성경에는 '기도하라' 는 내용이 398번이나 기록되어 있습니다. '간구하라' 는 내용은 124회, '구하라' 는 내용은 65회, '부르짖으라' 는 내용은 2회 기록되어 있습니다. 그리고 성경에는 약 650번의 실제로 기도하는 내용이 기록되어 있습니다. 그런데 그 중 35번의 기도가 부흥을 갈망하는 기도였습니다. 그 기도들은 하나님을 위한 열정이 되살아나게 합니다. 우리의 죄를 깨닫게 합니다. 하나님을 향해 돌아서게 하는 부흥의 기도입니다.

우리도 하나님에게서 멀어져 있다면, 하나님의 사역에서 열정이 식어 있다면, 죽어가는 영혼을 구원하기 위한 뜨거운 마음이 없다면 바로 우리에게도 부흥이 필요하기 때문에 우리는 부흥을 위해서 기도해야 합니다.

한 때 웨일즈 지방에 부흥이 일어났습니다. 어떤 사람이 그 부흥을 주도했던 이반 로버츠에게 부흥의 비결을 배우기 위해 웨일즈까지 찾아갔습니다. 그러자 로버츠는 그 사람에게 이렇게 말했습니다.

"형제님, 특별한 비결은 없습니다. 기도하십시오. 그럼 부흥이 일어납니다." 그래서 매튜 헨리도 이렇게 말했습니다. "하나님께서 은혜를 베푸실 때 가장 먼저 하시는 일은 하나님의 백성들에게 기도하게 하십니다." 그러므로 우리도 부흥을 위해서 간절히 기도해야 합니다.

오늘 우리 교회에 구원받는 사람이 줄어들고, 기도모임과 양육과 훈련에 참여하는 사람들이 줄어든다면 우리는 깨어 기도해야 합니다. TV 볼 시간은 있어도 성경을 볼 시간이 없고, 자신을 위해서 즐기는 시간은 있어도 전도할 시간이 없다면 우리는 부흥을 위해서 기도해야 합니다. 대부분의 사람들은 일주일에 한 번 간신히 예배생활을 유지하고도 힘겨워 합니다. 그러므로 우리는 부흥을 위해서 간절히 기도해야 합니다.

넷째, 우리는 조용히 묵상하는 기도를 해야 합니다(왕상 19:11-13).

엘리야가 갈멜산에서 850대 1로 싸워 큰 승리를 거두었습니다. 하지만 850명의 바알 선지자와 아세라 선지자를 세웠던 이세벨 왕비가 엘리야를 죽이겠다고 선포합니다. 그러자 엘리야는 이세벨을 피하여 광야로 도망가서 한 로뎀나무 아래서 하나님께 죽기를 청하였습니다. 그러자 하나님께서 천사를 보내시어 천사가 엘리야를 찾아가서 어루만져 주고 맛있는 음식으로 대접해 줍니다. 그 후에 하나님께서 엘리야에게 나타나셨습니다. 그러면 과연 하나님께서는 엘리야에게 어떻게 나타나셨습니까? 먼저 하나님께서 크고 강한 바람으로 산을 가르고 바위를 부수었습니다. 하지만 그곳에는 하나님이 계시지 않았습니다. 그리고 큰 지진이 일어났습니다. 하지만 그곳에도 하나님은 계시지 않았습니다.

이제는 뜨거운 불이 나타났습니다. 하지만 그곳에도 하나님은 계시지 않았습니다. 그러면 하나님은 어떻게 나타나셨습니까? 열왕기상 19장 12을 보십시오. "또 지진 후에 불이 있으나 불 가운데에도 여호와께서 계시지 아니하더니" 이 말씀은 분명히 전환점을 이루고 있습니다. 즉 성경에서 '더니'로 끝나면 그 다음은 반대 상황을 제시합니다. 여러 상황 가운데서 나타나시지 않으셨던 하나님께서 드디어 나타나시는 것입니다. "불 후에 세미한 소리가 있는지라 엘리야가 듣고 겉옷으로 얼굴을 가리고 나가 굴 어귀에 서매 소리가 그에게 임하여 이르시되 엘리야야 네가 어찌하여 여기 있느냐"(왕상 19:12-13)

이제 드디어 하나님께서 나타나셨습니다. 그런데 하나님은 조용한 가운데 나타나셨습니다. 그러므로 기도에는 부르짖는 기도도 있지만 조용히 묵상하며 하나님의 역사를 기다리는 기도도 있습니다. 그래서 우리는 조용히 묵상하는 기도를 해야 합니다.

다섯째, 우리는 함께 모여 합심 기도를 해야 합니다.

합심 기도의 위력은 대단합니다. 무엇이든지 합심해서 기도하면 들어주겠다고 말하고 있습니다. "진실로 다시 너희에게 이르노니 너희 중의 두 사람이 땅에서 합심하여 무엇이든지 구하면 하늘에 계신 내 아버지께서 그들을 위하여 이루게 하시리라 두세 사람이 내 이름으로 모인 곳에는 나도 그들 중에 있느니라"(마 18:19-20) 사실 이 말씀은 합심 기도하는 사람에게 하나님께서 함께해 주시겠다는 약속의 말씀입니다.

필립 얀시는 합심 기도의 능력으로 동독의 벽을 허물었던 놀라운 역사적 사건을 소개하였습니다.

1989년에 독일 라이프치히의 4개 교회는 매주 월요일 저녁 5시에 함께 모여 합심기도회를 열었습니다. 그 기도회는 7년 전에 크리스티안 퓨러가 시작했습니다. 목회자들은 한 손에 성경을 들고 다른 손에는 신문을 들고 설교했습니다. 사방이 막혀버린 동독인들에게 소망을 주는 유일한 길을 함께 모여 기도하는 것이었습니다.

처음에는 그 기도의 능력을 의심하여 사람들이 모이지 않았습니다. 기껏해야 12명의 성도가 모여서 기도했습니다. 하지만 동독의 운명이 점점 나빠져 가는 것을 본 사람들이 함께 모여들기 시작하여 신실한 그리스도인들뿐 아니라 반체제 인사와 평범한 시민까지 합심기도회에 몰려들었습니다. 교회는 동독정부가 집회의 자유를 허락한 유일한 장소였습니다. 모임이 끝나면 사람들은 손에 작은 촛불을 들고 어두운 거리를 평화롭게 행진했습니다. 공산당 수뇌부는 평화행진을 저지할 방법을 고심했습니다. 비밀경찰이 교회를 감시하고, 포위하고, 행진을 하러 밖에 나오지 못하도록 방해했지만 라이프치히의 합심기도회에 참석하는 수는 점점 늘어나 수백, 수천, 급기야 5만 명으로 늘어났습니다. 나중에는 라이프치히 50만 명의 군중이 다 모였습니다.

10월 9일은 동베를린에 공산정부 탄생 40주년이 되는 날이었습니다. 경찰과 군대는 이때다 싶어 라이프치히로 병력을 이동하고 동독지도자 호네커는 데모 군중에게 발포해도 좋다는 명령을 내렸습니다. 온 나라가 천안문 사태의 재연에 대비해 바싹 긴장했습니다. 병원들은 응급실과 입원실을 비워두었고, 교회와 콘서트홀은 급히 몸을 피할지 모르는 데모 군중을 위해 문을 열어두었습니다.

니콜라이 교회에서 기도모임을 시작하자 공산당원 2천명이 들이닥쳐 모든 좌석을 점유했습니다. 그러나 하나님께 소망을 둔 사람들이 기도하는 것을 막지는 못했습니다. 그날 밤 기도회를 마치고 평화행진을 하는 군중을 향해 군대가 발포하지 않은 이유를 확실히 아는 사람은 없습니다. 호네커의 후임으로 잠깐 수상 직을 맡았던 에곤 크렌쯔가 발포 명령을 취소했다는 말도 있고, 미하일 고르바초프가 호네커에게 직접 전화를 걸어 경고했다는 말도 있습니다. 그런가하면 군대가 구름처럼 많은 군중을 보고 겁을 먹었다는 설도 있었습니다. 하지만 엄청난 변화의 불꽃을 일으킨 것이 바로 라이프치히의 합심기도였다는 사실은 모두가 인정하는 바입니다.

그리고 마침내 11월 9일 동독과 서독을 가로막았던 베를린 장벽이 무너졌습니다. 동독인들이 벽을 무너뜨리는 동안 군인들은 발포하지 않고 가만히 서 있었습니다. 수많은 무리가 촛불을 들고 정부청사로 쳐들어가는데도 누구 하나 피를 흘리지 않았습니다. 동독인들은 아직도 그 날을 기적이라고 부릅니다.

"기도가 정말로 산을 움직일 수 있는지는 모르나 라이프치히 대중을 움직인 것만은 틀림없다."는 기사가 신문에 실렸습니다. 10월 9일을 전환점으로 라이프치히 도시 전역에 시민들은 "교회에 감사합니다."라는 커다란 현수막을 만들어 붙이기 시작했습니다. 교회 역사가 A. T. Pierson은 이렇게 말했습니다.

"어떤 나라, 어떤 지역에서도 합심기도에서 시작되지 않은 영적인 각성은 없었습니다."

1315년 종교개혁이 일어나기 200년 전에 기도의 사람이요 순교자인 존 후스(John Hus)에게 영향을 받은 사람들이 모여 함께 기도할 때에 유럽에서 큰 부흥이 일어났습니다. 14세기에는 영어성경을 번역하여 영국 사람들에게 하나님의 말씀을 전해 준 위클리프의 영향을 받은 무리들이 함께 모여 기도함으로 큰 부흥이 영국에 일어났습니다.

16세기 종교개혁자 마틴 루터는 하루 2-3세 시간씩 기도했습니다. 가톨릭 사제들이 보낸 첩자가 루터의 삶을 관찰하고 와서 이렇게 보고했습니다. "저렇게 기도하는 사람을 누가 이길 수 있습니까?" 스코틀랜드의 개혁자 존 낙스는 "저에게 스코틀랜드를 주시든지 죽음을 주시든지 하소서"라고 기도하여 종교개혁의 불을 지폈습니다.

여섯째, 우리는 모든 문제를 해결하는 기도를 해야 합니다.

우리 인생의 모든 문제를 무엇으로 해결할 수 있습니까? 바로 기도로 해결할 수 있습니다. 그러므로 성경은 모든 문제를 해결하는 열쇠가 기도라는 사실을 보여주고 있습니다. 초대교회 성도들은 함께 모여 마음을 같이하여 기도하기에 힘썼습니다. 그들은 사도의 가르침을 받아 서로 교제하며 떡을 떼며 기도하기를 쉬지 않았습니다. 베드로와 요한도 기도 시간에 성전에 올라가 이렇게 기도했습니다.

"주여 이제도 그들의 위협함을 굽어보시옵고 또 종들로 하여금 담대히 하나님의 말씀을 전하게 하여 주시오며 손을 내밀어 병을 낫게 하시옵고 표적과 기사가 거룩한 종 예수의 이름으로 이루어지게 하옵소서"(행 4:29-30)

사도들은 기도하는 것과 말씀 전하는 것에 전무했습니다. 안디옥 교회는 주를 섬겨 금식할 때에 성령님의 인도하심에 따라 바나바와 바울을 따로 세워 선교사로 파송하라는 주님의 명령에 순종하여 기도하고 두 사람에게 안수하여 보내었습니다. 베드로가 옥에 갇혔을 때도 초대교회는 그를 위하여 간절히 기도했습니다.

바울과 실라도 감옥에 들어갔을 때에 간절히 기도하고 하나님을 찬미하여 기적을 경험했습니다. 그러므로 기도는 그리스도인의 삶의 모든 문제를 해결하는 열쇠입니다. 교회의 성도들은 사역자들을 위해서 기도해야 합니다. 사역자들은 성도들의 중보기도를 통해서 하나님의 사역을 감당할 수 있기 때문입니다(고후 1:11).

사역자들도 성도들이 하나님의 사랑으로 더욱 풍성해 지도록 기도해야 합니다. 우리는 이제 아무 것도 염려하지 말고 오직 모든 일에 기도와 간구로 필요한 것을 감사함으로 하나님께 구해야 합니다. 사도 바울은 골로새 교회의 성도들을 위하여 기도하기를 그치지 아니하고 그들로 하여금 모든 신령한 지혜와 총명에 하나님의 뜻을 아는 것으로 채우게 해달라고 기도했습니다. 그들이 기도에 항상 힘쓰고 기도에 감사함으로 깨어 있기를 권면했습니다. 그리스도 예수님의 종이었던 에바브라도 항상 골로새 교회의 성도들이 하나님의 모든 뜻 가운데서 완전하고 확신 있게 서기를 기도했습니다(골 4:12). 그러므로 기도가 모든 문제를 해결하는 최고의 비결입니다. 기도가 모든 문제를 해결하는 열쇠입니다.

성경의 모든 중요한 사건들은 모두 기도로 이루어졌습니다.

성경에 등장하는 용사들을 모두 기도로 승리했습니다. 이삭은 기도하여 쌍둥이를 낳았습니다. 야곱은 기도하여 이름이 이스라엘로 바꾸어졌습니다. 이스라엘 백성들은 기도하여 애굽에서 구출 되었습니다. 모세는 기도하여 아말렉을 물리쳤습니다. 여호수아는 기도하여 태양과 달을 멈추게 하였습니다. 한나의 기도하여 위대한 하나님의 사람 사무엘을 얻었습니다. 사무엘은 기도하여 이스라엘을 위기에서 건져냈습니다. 삼손은 기도하여 마른 땅에서 생수가 터지게 하였습니다. 다윗은 기도하여 여러 차례 전쟁에서 승리할 수 있었습니다.

솔로몬은 기도하여 전무후무한 지혜의 왕이 되었습니다. 히스기야는 기도하여 죽음의 위기에서 벗어났습니다. 아사는 기도하여 구스의 군사 100만을 물리쳤습니다. 여호사밧은 기도하여 모압과 암몬자손을 물리쳤습니다. 예레미야는 시위대 뜰에 갇혀있었으나 기도하여 풀려났습니다. 다니엘은 기도하여 사자 굴에서 구출되었습니다.

야베스는 기도하여 그가 구하는 모든 것을 응답받았습니다. 요나는 기도하여 물고기 배속에서 구원 받았습니다. 느헤미야는 기도하여 무너진 성벽을 52일 만에 중건하였습니다. 에스더는 기도하여 죽음 직전에 있는 유대인들을 구출하였습니다.

초대교회 성도들은 기도하여 오순절에 성령 충만한 역사가 이루어지게 했습니다. 베드로와 요한은 기도하러 가다가 앉은뱅이를 고쳐주었습니다. 초대교회 사도들은 기도하는 것과 말씀전하는 것에 전무하였습니다. 스데반 집사는 순교를 당할 때 예수님처럼 용서하는 기도를 하였습니다. 초대교회가 기도하여 베드로는 옥에서 풀려나왔습니다. 바울과 실라는 밤중에 기도하여 옥에서 풀려나왔습니다.

안디옥 교회는 기도하고 선교사를 파송하였습니다. 사도 바울은 기도의 사람이었습니다. 예수님께서도 기도의 삶을 사셨습니다. 그러므로 우리도 기도로 승리해야 합니다.

여기 기도로 경제적인 문제를 해결했던 놀라운 간증이 있습니다.

경북 영덕군 남정면에 구계교회가 있는데 그 교회에 다니는 김상태 집사가 있었습니다. 그 집사는 IMF 이후 수억 원의 부채를 지고 어장을 폐쇄해야 할 형편이었습니다. 그래서 하나님께 기도하기로 하고 2000년 12월 23일 성탄절을 이틀 앞두고 그 교회의 김종무 목사님한테 찾아가서 말했습니다. "목사님, 이번에 고기가 많이 잡혀야 할 텐데요. 그래야 성전을 수리할 수 있지 않겠어요."

그래서 김종무 목사님은 "집사님, 기도합시다. 하나님께서 반드시 도와주실 겁니다. 돈이 없어서 20년 동안 한 번도 성전을 수리하지 못했는데 하나님께서 이번에 고기를 떼로 잡히게 해 주실 지도 모르지요. 기대해 봅시다." 두 분은 간절히 기도했습니다.

그래서 하루가 지나고 24일에 그 김상태 집사는 자기 어장에 가 보고는 깜짝 놀랐습니다. 어마어마한 방어 떼가 자기 그물에 걸려든 것입니다. 방어 떼가 양 옆에 있는 다른 사람들의 그물을 피해서 중앙에 있는 그의 그물에만 몰려 든 것입니다. 보통 고기 떼가 가장자리 그물에 몰리고 중앙에는 몰리지 않는 법인데 그런 희한한 일이 벌어진 것입니다. 그러나 이것은 기도하니 인생의 돌파구를 여시는 우리 주님께서 직접적인 기적을 베풀어 주신 것입니다.

방어는 겨울에 맛이 있어 비싸다고 합니다. 그는 수협 위판장에다 그 방어 떼를 경매했는데 4억 원을 넘게 벌었습니다. 10킬로그램짜리 방어 한 마리를 16만 9천 원에 팔았습니다. 그러니까 10킬로그램짜리 방어를 2,370마리도 넘게 판 것입니다. 남아 있던 수천 마리의 방어들을 또 경매에 붙여 수억 원의 돈을 더 챙길 수 있었습니다.

그러나 '기적'은 한 번으로 그치지 않았습니다. 2001년 1월 23일 김 집사의 그물에 길이 5m짜리 밍크고래가 걸린 것입니다. 동해안 해안선을 따라 늘어서 있는 어장에 간혹 돌고래가 걸리긴 해도 대형 밍크고래가 걸리는 것은 극히 드문 일이었습니다. 그런데 그 정도 크기의 고래라면 그물을 찢고 달아날 수 있는 데도 항구로 예인해 건져 올릴 때까지 얌전하게 있는 것이 신기할 정도였습니다. 그 고래는 5천만 원에 판매되었습니다.

두 번에 걸친 기적적인 어획으로 빚을 청산한 것은 물론 교회도 건축하고 전국 교회로부터 간증 요청이 쇄도하는 등 제 2의 인생을 살고 있습니다. 주님은 능치 못 하실 일이 없습니다. 공중을 떠도는 메추라기 떼를 광야의 이스라엘 백성들에게로 몰아주시는 분이십니다.

이처럼 예수 이름으로 기도하면 기적이 일어납니다. 여러분의 인생이 덫에 걸린 것 같이 일이 잘 안 풀립니까? 돌파구가 없습니까? 열심히 노력했지만 아직도 일이 풀리지 않습니까? 낙심하지 말고 끝까지 주님께 기도해 보십시오. 반드시 당신의 문제도 해결 수 있습니다. 그러므로 모든 문제를 해결하는 비결은 기도에 있습니다. 기도가 능력이요, 내 인생의 모든 문제의 해답입니다.

일곱째, 우리는 하늘 문을 여는 기도를 해야 합니다.

우리가 어떻게 하면 하늘 문이 열리고 놀라운 축복을 받을 수 있습니까? 성경을 읽어보면 하늘 문이 열렸던 몇 가지 실례가 기록되어 있습니다. 첫째로 하나님의 말씀에 순종할 때 하늘 문이 열립니다. 신명기 28장은 우리가 하나님의 말씀에 순종할 때 하늘 문이 열려서 하늘의 놀라운 축복을 받을 수 있다고 소개하고 있습니다.

"네가 네 하나님 여호와의 말씀을 삼가 듣고 내가 오늘 네게 명령하는 그의 모든 명령을 지켜 행하면 네 하나님 여호와께서 너를 세계 모든 민족 위에 뛰어나게 하실 것이라 네가 네 하나님 여호와의 말씀을 청종하면 이 모든 복이 네게 임하며 네게 이르리니, 여호와께서 너를 위하여 하늘의 아름다운 보고를 여시사 네 땅에 때를 따라 비를 내리시고 네 손으로 하는 모든 일에 복을 주시리니 네가 많은 민족에게 꾸어줄지라도 너는 꾸지 아니할 것이요 여호와께서 너를 머리가 되고 꼬리가 되지 않게 하시며 위에만 있고 아래에 있지 않게 하시리니 오직 너는 내가 오늘 네게 명령하는 네 하나님 여호와의 명령을 듣고 지켜 행하며 내가 오늘 너희에게 명령하는 그 말씀을 떠나 좌로나 우로나 치우치지 아니하고 다른 신을 따라 섬기지 아니하면 이와 같으리라"(신 28:1-2, 12-14)

우리가 하나님의 말씀을 삼가 듣고 하나님의 모든 말씀에 순종하면 12절에서 "여호와께서 너를 위하여 하늘의 아름다운 보고를 여시사"라고 말씀하고 있습니다. 그러므로 우리가 하나님의 말씀에 순종하면 하늘이 열리고 하나님이 주시는 놀라운 축복을 받을 수 있습니다.

둘째로 하나님께 온전한 십일조를 드리면 하늘 문이 열립니다.

"만군의 여호와가 이르노라 너희의 온전한 십일조를 창고에 들여 나의 집에 양식이 있게 하고 그것으로 나를 시험하여 내가 하늘 문을 열고 너희에게 복을 쌓을 곳이 없도록 붓지 아니하나 보라"(말 3:10)

우리가 온전한 십일조를 드리면 하나님은 분명하게 "내가 하늘 문을 열고"라고 말씀하셨습니다. 그러므로 우리는 온전한 십일조를 드려야 합니다. 절음발이 십일조가 아니라, 인색한 십일조가 아니라, 기복적인 십일조가 아니라, 떼어먹는 십일조가 아니라. 온전한 십일조를 드려야 합니다. 그래야 하늘 문이 열리고 놀라운 축복을 받을 수 있습니다. 셋째로 성령으로 충만하여 하나님의 말씀을 전할 때 하늘 문이 열립니다. 초대교회 스데반 집사는 성령 충만하여 하나님의 말씀을 전할 때 하늘 문이 열리는 것을 체험했습니다.

"스데반이 성령 충만하여 하늘을 우러러 주목하여 하나님의 영광과 및 예수께서 하나님 우편에 서신 것을 보고 말하되 보라 하늘이 열리고 인자가 하나님 우편에 서신 것을 보노라 한 대"(행 7:55-56)

스데반이 무엇이라 말했습니까? "보라 하늘이 열리고"라고 분명하게 말합니다. 그러므로 우리가 성령으로 충만하여 하나님의 말씀과 복음을 전파할 하늘의 축복을 경험할 수 있습니다. 믿음으로 열심히 전도했던 수많은 사람들이 하나님이 예비한 놀라운 축복을 받았습니다. 우리가 하나님의 일을 하면 하나님께서 우리의 일과 사업을 축복해 주십니다. 그러므로 모든 필요가 공급됩니다. 넷째로 하나님의 섭리를 깨닫고 헌신할 때 하늘 문이 열립니다. 예수님께서 30년 동안 목수로서 부모님을 섬기며 사시다가 하나님의 섭리를 깨닫고 공적인 사역을 시작하셨습니다. 그때 하늘이 열리고 성령님이 임하셨으며 하늘에서 하나님의 음성이 들렸습니다. 하나님 아버지께서 공적인 사역을 시작하시는 예수님을 바라보시면서 "내 사랑하는 아들이요 기뻐하는 자"라고 말씀하셨습니다(마 3:16). 다섯째로 기도할 때 하늘 문이 열립니다. "이튿날 그들이 길을 가다가 그 성에 가까이 갔을 그 때에 베드로가 기도하려고 지붕에 올라가니 그 시각은 제 육 시더라 그가 시장하여 먹고자 하매 사람들이 준비할 때에 황홀한 중에 하늘이 열리며 한 그릇이 내려오는 것을 보니 큰 보자기 같고 네 귀를 매어 땅에 드리웠더라"(행 10:9-11)

놀라운 사실은 베드로가 기도 시간에 기도하려고 지붕에 올라갔을 때 하늘 문이 열렸다는 사실입니다. 구약에서 엘리야가 간절히 기도할 때도 하늘 문이 열리고 하늘에서 불로 응답해 주셨습니다. 또한 엘리야가 비를 위해서 간절히 기도할 때도 하늘 문이 열리고 하늘에서 비를 내려주셨습니다.

그러므로 우리에게 필요한 부흥과 성장과 축복을 가져오기 위해서 우리는 엘리야처럼 간절히 기도해야 합니다. 엘리야는 이스라엘 역사상 최악의 시기에 가장 뛰어난 하나님의 사람이 되었습니다. 그가 어떻게 그렇게 뛰어난 하나님의 사람이 될 수 있었습니까? "엘리야는 우리와 성정이 같은 사람이로되 그가 비가 오지 않기를 간절히 기도한즉 삼 년 육 개월 동안 땅에 비가 오지 아니하고 다시 기도하니 하늘이 비를 주고 땅이 열매를 맺었느니라"(약 5:17-18)

야고보 사도는 엘리야가 기도하는 사람이었기 때문이라고 소개합니다. 그러면 하늘 문이 열린다는 의미는 무엇입니까? 하나님으로부터 기도 응답을 받는다는 의미요 하나님이 예비한 놀라운 축복을 받는다는 뜻입니다. 그러므로 우리는 하늘 문을 여는 기도를 해야 합니다.

어떻게 기도해야 하는가?

첫째, 우리는 예수님의 보배로운 피를 힘입고 나아가 기도해야 합니다.

우리는 예수 그리스도의 보혈로 깨끗해졌기 때문에 우리는 왕족의 일원으로서 모든 특권을 가지고 왕의 보좌 앞에 담대히 나아가 기도할 수 있습니다. 히브리서 10장 10-22절을 보십시오.

"이 뜻을 따라 예수 그리스도의 몸을 단번에 드리심으로 말미암아 우리가 거룩함을 얻었노라 제사장마다 매일 서서 섬기며 자주 같은 제사를 드리되 이 제사는 언제나 죄를 없게 하지 못하거니와 오직 그리스도는 죄를 위하여 한 영원한 제사를 드리시고 하나님 우편에 앉으사 그 후에 자기 원수들을 자기 발등상이 되게 하실 때까지 기다리시나니 그가 거룩하게 된 자들을 한 번의 제사로 영원히 온전하게 하셨느니라 또한 성령이 우리에게 증언하시되 주께서 이르시되 그 날 후로는 그들과 맺을 언약이 이것이라 하시고 내 법을 그들의 마음에 두고 그들의 생각에 기록하리라 하신 후에 또 그들의 죄와 그들의 불법을 내가 다시 기억하지 아니하리라 하셨으니 이것들을 사하셨은즉 다시 죄를 위하여 제사 드릴 것이 없느니라 그러므로 형제들아 우리가 예수의 피를 힘입어 성소에 들어갈 담력을 얻었나니 그 길은 우리를 위하여 휘장 가운데로 열어 놓으신 새로운 살 길이요 휘장은 곧 그의 육체니라 또 하나님의 집 다스리는 큰 제사장이 계시매 우리가 마음에 뿌림을 받아 악한 양심으로부터 벗어나고 몸은 맑은 물로 씻음을 받았으니 참 마음과 온전한 믿음으로 하나님께 나아가자"

우리는 예수 그리스도의 구속으로 말미암아 거룩함을 얻었습니다. 예수 그리스도께서 한 영원한 제사를 드리시고 우리를 구속하신 후 승천하셔서 하나님 우편에 앉으셨습니다. 예수님께서 자신의 몸인 한 제물로 거룩하게 된 우리들을 영원히 온전케 하셨습니다. 그러므로 우리의 죄와 불법을 다시는 기억하시지 않습니다.

그러므로 우리는 기도의 응답을 받기 위해서 예수님의 피를 힘입고 하나님이 계신 보좌 앞으로 당당하게 나아가 기도할 수 있습니다. 우리의 양심의 악을 깨닫고 몸을 맑은 물로 씻었기 때문에 참 마음과 온전한 믿음으로 하나님께 나아가 기도로 구할 수 있습니다.

둘째, 우리는 하나님의 말씀을 붙들고 기도해야 합니다.

기도응답에는 반드시 조건이 있습니다. "너희가 내 안에 거하고 내 말이 너희 안에 거하면 무엇이든지 원하는 대로 구하라 그리하면 이루리라"(요 15:7) 이 말씀은 기도에 관한 예수님과 우리와의 언약의 말씀입니다. 이 말씀에는 기도응답의 비결이 들어있습니다. 우리가 응답받을 수 있는 조건이 들어 있습니다.

하나님은 우리가 어떻게 할 때 응답해 주신다고 말씀하셨습니까? 기도의 응답을 받을 수 있는 첫 번째 조건은 우리가 예수님 안에 거해야 합니다. 우리가 예수님을 구세주로 영접하고 하나님의 자녀가 되어야 합니다. 그러므로 우리가 구원받은 하나님의 자녀라면 기도해서 응답 받을 수 있는 조건이 하나가 구비된 것입니다. 그러므로 우리가 구원받지 못했다면 결코 기도의 응답을 받을 수 없습니다.

그리고 우리가 그리스도 안에 거하려면 이제는 우리 자신을 부인하고 온전히 그분을 신뢰하고 따라야 합니다. 우리 힘으로 할 수 없는 것을 예수님께서 내 안에서 이루어 주실 것을 믿고 우리가 노력하는 것이 아니라 예수님을 신뢰하는 것이 예수님 안에 거하는 것입니다. 우리가 무언가를 이루려고 발버둥을 치는 것이 아니라 그리스도 안에서 쉬는 것입니다. 우리 자신의 모든 것을 부인하고 그리스도 안에서 살아가는 것입니다. 그러면 우리는 기도의 응답을 받을 수 있습니다.

기도의 응답을 받을 수 있는 두 번째 조건은 예수님의 말씀이 우리 안에 거해야 합니다. 여기 '내 말'은 예수님께서 기도에 관해 가르치신 모든 말씀이 다 포함되어 있습니다. 그러므로 우리는 하나님께서 주신 기도에 관계된 모든 말씀을 가지고 기도해야 합니다. 그리고 그 말씀을 붙들고 기도해야 합니다. 우리는 응답받기 위해서 하나님의 약속들은 조건이 있다는 것을 기억해야 합니다.

우리가 기도의 응답을 받기 원한다면 반드시 그 조건들을 이행해야 합니다.

다른 사람이 그 조건들을 대신 이행할 수 없습니다. 우리가 기도의 응답을 받기 원한다면 우리가 그 조건들을 이행해야 합니다. 그러므로 기도의 응답을 받기 원한다면 우리가 먼저 예수님 안에 거하고, 그분의 말씀이 우리 안에 거해야 합니다. 그러면 무엇이든지 우리가 원하는 것을 구하여 받을 수 있습니다.

하나님께서는 말씀을 통해서 기도의 응답을 받을 수 있는 비결을 이미 말씀해 주셨기 때문입니다. 우리가 기도에 관한 말씀을 실천하지 않는다면 결코 우리는 응답을 받을 수 없습니다.

기도 응답은 우리에게 달려 있습니다. 우리가 하나님의 말씀들을 소홀하게 대하고 실천하지 않는다면 우리는 결코 기도의 응답을 받을 수 없습니다.

셋째, 우리는 성령의 인도를 받으며 기도해야 합니다.

"모든 기도와 간구로 하되 항상 성령 안에서 기도하고 이를 위하여 깨어 구하기를 항상 힘쓰며 여러 성도를 위하여 구하라"(엡 6:18)

이 말씀은 영적전쟁을 위한 그리스도인의 완전무장을 위한 말씀 가운데 마지막 구절입니다. 그러므로 영적전쟁에서 승리하기 위하여 머리에 구원의 투구를 쓰고, 가슴에 의의 흉배를 붙이고, 허리에 진리의 띠를 띠고, 평안의 복음으로 예비한 신을 신고, 왼손에 믿음의 방패를 들고, 오른 손에 성령의 검을 잡아야 하지만 마지막으로 기도의 권세로 무장해야 합니다. 그리스도인의 전신갑주 중에서 가장 중요한 무기는 기도입니다. 우리가 기도생활에 실패한다면 결코 마귀 사탄과의 전쟁에서 승리할 수 없습니다.

사도 바울은 성령 안에서 기도하라고 강조합니다. 유다도 성령 안에서 기도하라고 강조합니다. "사랑하는 자들아 너희는 너희의 지극히 거룩한 믿음 위에 자신을 세우며 성령으로 기도하며"(유 1:20) 그러므로 우리는 무엇보다도 성령님의 인도를 받으며 그분이 주시는 감동에 따라 기도해야 합니다.

"이와 같이 성령도 우리의 연약함을 도우시나니 우리는 마땅히 기도할 바를 알지 못하나 오직 성령이 말할 수 없는 탄식으로 우리를 위하여 친히 간구하시느니라"(롬 8:26)

우리는 때때로 무엇을 위해서 기도해야 하는지 모를 수 있습니다. 우리는 어떻게 기도해야 하는지 모를 수 있습니다. 그러나 성령님이 우리의 기도생활을 도와주시고 가르쳐주십니다. 우리는 성령님을 의지하는 가운데 기도할 때 기도생활에 성공할 수 있습니다. 그러므로 참된 기도는 성령 안에서 드리는 기도입니다. 성령님이 우리의 기도생활을 인도하시도록 우리가 성량님을 온전히 의지해야 합니다.

그러므로 우리가 기도할 때 먼저 성령님의 임재를 구하고, 그분의 임재가운데 기도해야 끈질기게 지속적으로 응답이 올 때까지 기도할 수 있습니다.

넷째 우리는 믿음으로 기도의 응답을 확신하며 기도해야 합니다.

어떤 사람이 기도하지 않습니까? 하나님의 응답을 믿지 않는 사람입니다. 그러므로 야고보 사도는 우리에게 이렇게 도전하고 있습니다. "오직 믿음으로 구하고 조금도 의심하지 말라 의심하는 자는 마치 바람에 밀려 요동하는 바다 물결 같으니 이런 사람은 무엇이든지 주께 얻기를 생각하지 말라"(약 1:6-7)

그러므로 우리는 믿음으로 기도할 때 반드시 응답을 받습니다. 우리는 하나님의 응답을 믿고 믿음으로 구해야 합니다. "너희는 욕심을 내어도 얻지 못하여 살인하며 시기하여도 능히 취하지 못하므로 다투고 싸우는도다 너희가 얻지 못함은 구하지 아니하기 때문이요"(약 4:2) 그리고 믿음으로 구했으면 하나님께서 이미 주신 것으로 믿고 하나님께 감사해야 합니다. "그러므로 내가 너희에게 말하노니 무엇이든지 기도하고 구하는 것은 받은 줄로 믿으라 그리하면 너희에게 그대로 되리라" (막 11:24) 그러면 반드시 기도한 대로 이루어집니다.

그리고 우리가 기도한 내용을 기억하기 위해서 기도 노트에 기도 제목을 적어 놓으면 무엇을 위해서 기도했는지 기억하는 데 도움을 줍니다. 기도 노트를 활용하면 우리가 일관성 있게 기도할 수 있습니다. 응답받은 기도 목록을 보관하는 것은 기도에 응답하시는 하나님의 능력에 대한 믿음을 견고하게 합니다.

그리고 하나님은 우리의 모든 기도에 응답해 주신다는 사실을 믿어야 합니다. 그러나 우리가 원하는 방법으로나 우리가 원하는 때에 반드시 응답해 주시는 것은 아닙니다. 자동차 신호등에 따라 기도 응답을 이해할 수 있습니다. 파란불은 하나님께서 즉시 우리에게 응답해 주시는 것을 나타냅니다. 노란불은 응답이 올 때까지 기다리는 것입니다. 빨간불은 하나님이 주시지 않는 것도 응답으로 믿는 것입니다. 그러므로 우리는 믿음으로 기도의 응답을 확신하며 기도해야 합니다.

다섯째, 우리는 항상 깨어 있는 가운데 기도해야 합니다.

"모든 기도와 간구를 하되 항상 성령 안에서 기도하고 이를 위하여 깨어 구하기를 항상 힘쓰며 여러 성도를 위하여 구하라"(엡 6:18)

사도 바울은 여기서 "이를 위하여 깨어 구하기를 항상 힘쓰라"고 말합니다. 이것은 기도를 위하여 항상 깨어 있으라는 명령입니다. 기도에 게으름을 피우지 말라는 명령입니다. 이 말씀이 왜 주어졌는지를 생각해 보십시오. 우리는 본능적으로 기도의 중요성을 깨닫지 못하고, 기도에 무관심하고, 기도를 중단하고, 기도 없이 생활할 때가 많습니다. 그래서 사도 바울은 우리에게 기도의 중요성과 기도의 필요성을 절감하고 간절히 구하라고 말씀하십니다.

그러므로 우리는 열심히 기도해야 합니다. 응답이 올 때까지 끝까지 기도해야 합니다. 우리는 언제나, 항상, 지속적으로, 끈질기게, 쉬지 않고, 변함없이, 꾸준하게 기도해야 합니다. 마귀 사탄은 우리가 기도생활에 깨어있지 않으면 하나님의 축복을 받을 수 없다는 것을 누구보다도 잘 알고 있습니다. 왜냐하면 우리는 하나님의 자녀로서 기도를 통해서 하늘 문을 열고 모든 축복을 받을 수 있기 때문입니다. 그러므로 우리가 하늘의 축복을 얻지 못하도록 기도하지 못하게 합니다. 그러므로 우리는 기도에 항상 깨어 있어야 합니다.

그러면 우리가 기도에 항상 깨어 있지 않으면 어떤 결과가 있을까요? 우리가 기도에 깨어 있지 않으면 시험에 들기 쉽습니다. "시험에 들지 않게 깨어 기도하라 마음에는 원이로되 육신이 약하도다 하시고" (마 26:41) 우리가 기도에 깨어 있지 않으면 성령의 충만을 받을 수 없습니다.

초대 예루살렘 교회는 모여 기도할 때 성령으로 충만함을 받았습니다. "빌기를 다하매 모인 곳이 진동하더니 무리가 다 성령이 충만하여 담대히 하나님의 말씀을 전하니라"(행 4:31) 우리가 기도에 깨어 있지 않으면 하나님께 영광을 돌릴 수 없습니다. "환난 날에 나를 부르라 내가 너를 건지리니 네가 나를 영화롭게 하리로다"(시 50:15) 우리가 환난 속에서 하나님께 기도하면 하나님께서 우리를 건져 주시고 그 결과 우리는 하나님께 영광을 돌릴 수 있습니다.

그러나 우리가 기도에 깨어 있지 않으면 우리는 기도 응답을 받을 수 없고 하나님을 영화롭게 해드릴 수 없습니다. 우리가 기도에 깨어 있지 않으면 새 힘을 얻을 수 없습니다. 누가 새 힘을 얻습니까? 하나님을 앙망하고 부르짖는 사람입니다. 이사야 선지자는 명확하게 말씀합니다. "오직 여호와를 앙망하는 자는 새 힘을 얻으리니 독수리가 날개 치며 올라감 같을 것이요 달음박질하여도 곤비하지 아니하겠고 걸어가도 피곤하지 아니하리로다"(사 40:31)

우리가 기도에 깨어 있지 않으면 하나님의 지혜를 얻을 수 없습니다. "너희 중에 누구든지 지혜가 부족하거든 모든 사람에게 후히 주시고 꾸짖지 아니하시는 하나님께 구하라 그리하면 주시리라"(약 1:5) 우리에게 하나님의 지혜가 없을 때 우리는 모든 일을 인간적인 관점에서 해결하게 되고 그 결과 우리는 실패할 수밖에 없습니다. 그러므로 우리는 기도에 항상 깨어 있어야 합니다.

여섯째, 우리는 예수님처럼 기도해야 합니다.

예수님은 우리에게 기도의 모본을 보여주셨습니다. 마가복음 1장 32-35절을 보면 전날 밤늦게까지 일하시고 새벽에 일어나 기도하셨습니다. 누가복음 6장 12-13절을 보면 예수님은 밤 세도록 기도하시고 12제자를 선택하셨습니다.

누가복음 9장 2-35절을 보면 예수님은 변화산 정상에 서 기도하신 후 용모가 변화되셨고, 아버지의 응답을 받으셨습니다. 요한복음 14장 16절을 보면 성령님이 우리에게 오신 것도 예수님의 기도의 결과였습니다. 요한복음 17장에서 예수님은 위대한 기도의 모범을 보여주셨습니다. 예수님은 자신의 제자들과 앞으로 믿을 다음 세대를 위해서도 기도하셨습니다(요 17:20).

겟세마네 동산의 기도의 모본은 "나의 원대로 마옵시고 아버지의 뜻대로 하옵소서"라는 기도입니다. 우리 예수님은 지금도 하늘나라 우편 보좌에서 우리를 위하여 친히 간구하고 계십니다. 그러므로 우리는 예수님을 본받기 위해서 기도해야 합니다.

일곱째, 우리는 사도 바울처럼 기도해야 합니다.

사도 바울은 누구보다도 중보기도를 더 많이 하신 분입니다. 그분은 로마에 있는 성도들과 데살로니가 교회의 성도들을 위해서 늘 중보기도를 했습니다. "내가 그의 아들의 복음 안에서 내 심령으로 섬기는 하나님이 나의 증인이 되시거니와 항상 내 기도에 쉬지 않고 너희를 말하며, 종말로 형제들아 너희는 우리를 위하여 기도하기를 주의 말씀이 너희 가운데서와 같이 달음질하여 영광스럽게 되고 또한 우리를 무리하고 악한 사람들에게서 건지옵소서 하라 믿음은 모든 사람의 것이 아

님이라"(롬 1:9, 살후 3:1-2)

　사도 바울은 에베소교회를 위해서도 중보기도를 했습니다. 그런데 에베소교회를 위해서 중보기도 한 내용은 우리에게 너무나 중요한 교훈을 알려주고 있습니다. 사도 바울이 무엇을 위해서 기도했습니까? 말씀을 읽어보십시오.

"이로 말미암아 주 예수 안에서 **너희 믿음과 모든 성도를 향한 사랑을** 나도 듣고 내가 기도할 때에 기억하며 너희로 말미암아 감사하기를 그치지 아니하고 우리 주 예수 그리스도의 하나님, 영광의 아버지께서 지혜와 계시의 영을 너희에게 주사 하나님을 알게 하시고 너희 마음의 눈을 밝히사 그의 부르심의 소망이 무엇이며 성도 안에서 그 기업의 영광의 풍성함이 무엇이며 그의 힘의 위력으로 역사하심을 따라 믿는 우리에게 베푸신 능력의 지극히 크심이 어떠한 것을 너희로 알게 하시기를 구하노라 그의 능력이 그리스도 안에서 역사하사 죽은 자들 가운데서 다시 살리시고 하늘에서 자기의 오른편에 앉히사 모든 통치와 권세와 능력과 주권과 이 세상뿐 아니라 오는 세상에 일컫는 모든 이름 위에 뛰어나게 하시고 또 만물을 그의 발 아래에 복종하게 하시고 그를 만물 위에 교회의 머리로 삼으셨느니라 교회는 그의 몸이니 만물 안에서 만물을 충만하게 하시는 이의 충만함이니라"(엡 1:15-23)

　사도 바울은 에베소교회 성도들이 하나님께서 지혜와 계시의 영을 그들에게 주어서 하나님을 알게 해달라고 기도했습니다. 그러므로 우리는 하나님을 알아야 합니다. 그리고 사도 바울은 에베소교회 성도들이 마음의 눈이 밝아 영적인 분별력이 있도록 기도했습니다. 영적인 분별력으로 그들이 가진 소망이 무엇인지 알게 해달라고 기도했습니다. 그러므로 우리도 마음의 눈이 밝아 영적인 분별력이 있어야 합니다. 영적인 분별력으로 우리의 소망이 무엇인지 알아야 합니다.

그리고 사도 바울은 그들이 받은 기업이 얼마나 풍성한 가를 알도록 기도했습니다. 그러므로 우리도 우리가 받은 기업이 얼마나 풍성한 가를 알아야 합니다.

그리고 사도 바울은 그들이 받은 능력이 얼마나 큰가를 알도록 기도했습니다. 그러므로 우리도 우리가 받은 능력이 얼마나 큰가를 알아야 합니다. 우리는 어떤 능력을 받았습니까? 이 말씀은 "믿는 우리에게 베푸신 능력"이라고 소개합니다. 그 능력이 예수님을 죽은 자들 가운데서 부활시켜 하늘로 승천시켜 우편 보좌에 앉게 했다고 말합니다. 그리고 예수님을 모든 이름 위에 뛰어나게 하셨다고 말합니다. 그리고 온 우주 만물을 예수님의 발아래에 복종하게 했다고 말합니다.

그리고 그 능력이 예수님을 교회의 머리로 세우셨다고 말합니다. 그러므로 우리는 하나님을 알게 해달라고 기도해야 합니다. 우리가 받은 소망이 무엇인지 알게 해달라고 기도해야 합니다. 우리가 받은 기업이 얼마나 풍성한지 알게 해달라고 기도해야 합니다. 그리고 믿는 우리가 받은 능력이 얼마나 큰가를 알게 해달라고 기도해야 합니다. 우리가 이것들만 알면 승리할 수 있습니다. 풍성한 축복을 누리며 살 수 있습니다. 그러므로 우리는 바울처럼 기도해야 합니다.

여덟째, 우리는 엘리야처럼 기도합니다.

엘리야는 우리와 성정이 같은 사람이었습니다. "엘리야는 우리와 성정이 같은 사람이로되 그가 비가 오지 않기를 간절히 기도한즉 삼

년 육 개월 동안 땅에 비가 오지 아니하고"(약 5:17) 여기서 '성정' 이란 성질과 심정을 나타내는 말로서 사람들의 타고난 본성을 일컫는 말입니다. 더 쉽게 말하면 우리와 동일한 사람이라는 뜻입니다.

엘리야도 우리와 같이 약점도 있고, 허물도 있고, 두려움도 있었던 사람입니다. 엘리야는 한 여자가 무서워 사막으로 도망가서 로뎀나무 아래서 하나님께 죽기를 구했던 사람입니다. 엘리야는 영적인 분별력이 없어서 우상에게 절하지 않은 7천명의 하나님의 사람들이 있었다는 것을 모르고, 자기 혼자밖에 없다고 한탄한 사람입니다. 엘리야는 하나님의 계획도 모르고 죽기를 구했던 사람입니다. 엘리야는 자신이 죽지 않고 살아있는 몸으로 불 병거를 타고 하늘에 올라가게 하시는 하나님의 계획을 깨닫지 못했던 사람입니다.

하지만 엘리야는 기도로 자신의 모든 약점을 극복하고 능력의 사람이 되었습니다. 엘리야는 우리와 동일한 사람이었지만 기도하는 사람이었습니다. 그 결과 엘리야의 삶에 능력이 나타났습니다. 하나님이 엘리야의 기도에 연결되어 역사하고 있었기 때문에 능력이 나타났던 것입니다. 엘리야가 기도하자 엄청난 기적이 나타났습니다(약 5:18). 엘리야가 기도하자 3년 6개월 동안 비가 내리지 않았습니다.

엘리야가 다시 기도하자 3년 6개월 동안 내리지 않던 비가 다시 내렸습니다. 물론 간단하게 기도했다는 말은 아닙니다. 마치 마술을 부리듯이 그렇게 기도한 것도 아닙니다. 엘리야는 갈멜산 꼭대기에서 맨 땅에 무릎을 꿇고, 얼굴을 무릎 사이에 넣고 간절히 기도했습니다. 단숨에 비가 내린 것이 아니고, 처음에 기도할 때는 구름 한 점도 없었습니다. 그러나 일곱 번까지 기도하고 사환에게 가서 구름이 있나 살펴보라고 말했습니다. 드디어 7번째, 사환이 가보니 기껏해야 사람의 손

넓이만한 구름이 생겨났고, 그것이 점차 커져 큰 비가 내렸던 것입니다. 이와 같이 하나님의 일은 적은데서 크게 역사해 가는 것입니다.

엘리야가 어떤 상황에서 기도했는지 살펴보십시오. 엘리야가 활동하던 시대에 이스라엘에 아합이라는 아주 악한 왕이 있었습니다. 그는 주전 874년부터 853년까지 21년 동안 왕으로 있으면서 그의 부인 이세벨과 함께 참되신 하나님을 버리고, 이스라엘 백성들로 하여금 우상숭배의 죄악에 빠지게 했던 왕이었습니다.

이세벨은 시돈 왕의 딸로 결혼하면서 바알신앙을 이스라엘에 가져왔던 장본인입니다. 이세벨은 하나님 여호와를 거부하고, 자신의 뜻을 이루기 위해서 수많은 하나님의 선지자들을 죽인 사람입니다. 그러므로 엘리야가 활동하던 시대는 영적으로 최악의 상황이었습니다. 이러한 어두운 암흑의 시대에 우리 하나님은 특별한 사람을 찾아내셨습니다. 많은 사람들은 아합 왕과 이세벨을 제거하려면 많은 군대가 있어야 한다고 말합니다. 그러나 하나님께서는 한 사람, 그 일에 전혀 적합할 것 같지 않은 한 사람을 선택해서 이스라엘의 우상숭배자들과 싸우게 하셨습니다. 바로 하나님의 말씀에 헌신된 한 사람, 하나님의 이름을 위해서 열정을 가진 한 사람, 하나님의 약속을 믿고 기도했던 한 사람을 통해서 하나님은 일을 하셨습니다.

그러면 하나님께서 엘리야를 사용하신 이유는 무엇입니까? 먼저 엘리야가 하나님의 말씀에 철저하게 순종했기 때문입니다. 하나님께서 엘리야에게 아합 왕에게 가서 전국에 가뭄이 있을 것이라고 예언하라고 말씀하시자 엘리야는 그 즉시 순종하여 아합 왕에게 가서 하나님의 말씀을 전했습니다.

"길르앗에 우거하는 자 중에 디셉 사람 엘리야가 아합에게 말하되 내가 섬기는 이스라엘의 하나님 여호와께서 살아 계심을 두고 맹세하노니 내 말이 없으면 수 년 동안 비도 이슬도 있지 아니하리라 하니라"(왕상 17:1)

하나님께서는 다시 엘리야에게 여기를 떠나서 그릿 시냇가에 숨으라고 말씀하시자 그 즉시 순종하여 떠나갑니다. "그가 여호와의 말씀과 같이 하여 곧 가서 요단 앞 그릿 시냇가에 머물매"(왕상 17:5) 엘리야는 하나님의 말씀에 따라 그대로 순종하는 사람이었습니다. 다시 하나님께서 "너는 일어나 시돈에 속한 사르밧으로 가서 거기 머물라 내가 그 곳 과부에게 명령하여 네게 음식을 주게 하였느니라"(왕상 17:9)고 말씀하시자 그 즉시 순종합니다. "저가 일어나 사르밧으로 가서"(왕상 17:10) 먹을 것이 없어서 마지막 남은 음식을 엘리야에게 주길 주저하는 사르밧 과부에게 엘리야는 확신 있게 말합니다. "이스라엘의 하나님 여호와의 말씀이 나 여호와가 비를 지면에 내리는 날까지 그 통의 가루가 떨어지지 아니하고 그 병의 기름이 없어지지 아니하리라 하셨느니라"(왕상 17:14)

이제 많은 세월이 흘러 3년 6개월이 지났습니다. 하나님께서는 다시 비를 내리겠다고 말씀하시며, 아합 왕에게 가서 말하라고 하실 때에도 엘리야는 그 즉시 순종했습니다. "많은 날이 지나고 제 삼년에 여호와의 말씀이 엘리야에게 임하여 이르시되 너는 가서 아합에게 보이라 내가 비를 지면에 내리리라 엘리야가 아합에게 보이려고 가니 그 때에 사마리아에 기근이 심하였더라"(왕상 18:1-2)

그러므로 엘리야는 하나님의 말씀에 철저히 순종했던 사람입니다. 상황이 좋지 않아 보일 때도 그는 즉시 순종했습니다. 그의 목숨을 찾고 있는 아합 왕에게 가서 하나님의 말씀을 있는 그대로 전하라고 말씀하시면 그 즉시 순종했습니다.

그러나 엘리야에게서 빼놓을 수 없는 것은 순종 못지않게 엘리야가 기도하는 사람이라는 것입니다. 그러므로 엘리야는 무엇보다도 기도하는 사람이었습니다. 그는 자신의 능력 대신에 기도로 하나님의 능력을 의지했던 사람입니다. 그는 비가 오지 않기를 위해서 기도했고(왕상 17:1), 그는 빈 그릇이 채워지길 위해서 기도했고, 그는 죽은 아이를 살리기 위해서 몸부림치며 기도했던 사람입니다. 아이의 시신을 안고 기도했던 엘리야의 행동은 우리들에게 차갑고, 냉담하며 냉소적인 죄인들을 어떻게 대해야 하는지를 상징적으로 보여주고 있습니다.

우리는 믿지 않는 사람들의 완악함을 불평하기보다 안타까이 여기는 심령으로 기도해야 합니다. 엘리야가 기도할 때 약간의 반응이 아이의 몸에 나타나자 엘리야는 다시 호흡을 가다듬고 아이의 몸을 끌어안고 기도하였습니다. 그러므로 복음전도에 나타난 심각한 문제는 영혼들의 완악한 상태보다도 우리들의 냉담하고 형식적인 심령이 더 큰 문제입니다. 엘리야는 자신의 목숨을 노리는 아합 왕을 대면하기 전에 먼저 기도로 준비했습니다(왕상 18:16). 그는 하늘에서 불이 내려지길 위해서 간절히 기도했습니다(왕상 18:36). 여기서 중요한 것은 엘리야의 모든 기도가 모두 다 응답을 받았다는 사실입니다. 그러므로 전도자 데이빗 스토너는 기도의 중요성을 이렇게 말했습니다.

"절박한 마음을 가지고 늘 끊임없이 기도하십시오. 기도만이 영과 생명과 능력을 가져다줍니다."

4. 그리스도인의 기도

그러므로 우리는 간절히 기도해야 합니다. 엘리야도 간절히 기도했기 때문에 응답을 받았던 것입니다. 엘리야가 얼마나 힘들게 기도했는지 우리도 엘리야처럼 땅에 꿇어 엎드려 얼굴을 무릎 사이에 넣고 기도해 보십시오. 아무리 허리가 유연한 사람이라도 그리 쉽지 않을 것입니다. "아합이 먹고 마시러 올라가니라 엘리야가 갈멜산 꼭대기로 올라가서 땅에 꿇어 엎드려 그의 얼굴을 무릎 사이에 넣고"(왕상 18:42) 그러나 이것은 허리의 문제가 아니라 그 만큼 간절히 기도했다는 증거입니다.

그는 온전히 간절하게 기도했습니다. 하나님께 온전히 집중해서 기도했습니다. 어떻게 기도하는 것이 간절히 기도하는 것입니까? 어떤 사람들은 기도에 대해 잘못된 오해를 가지고 있습니다. 하지만 올바른 기도는 말을 잘하는 것이 아닙니다. 지적인 논리가 뛰어나고, 아름다운 미사여구를 사용한다고 올바른 기도를 하는 것이 아닙니다. 기도에서 가장 중요한 것은 하나님께 온전히 집중하는 기도입니다. 온전히 마음과 육체가 집중해야 응답이 오는 것입니다. 엘리야가 그토록 집중해서 기도를 했지만 처음에는 아무것도 보이지 않았습니다. "그의 사환에게 이르되 올라가 바다 쪽을 바라보라 그가 올라가 바라보고 말하되 아무것도 없나이다 이르되 일곱 번까지 다시 가라"(왕상 18:43) 조금 전에는 갈멜산 꼭대기에서 하늘에서 불이 내려서 응답을 받고 승리를 했지만 이번에는 간절히 기도해도 응답이 없었습니다.

이럴 때 우리는 당황할 수 있습니다. 이 순간이 바로 위기가 순간입니다. 그러므로 우리에게 기도의 응답이 없을 때, 기도를 했음에도 불구하고 더 어려운 상황이 닥칠 때 우리는 조심해야 합니다. 그럴 때일수록 하나님에 대해 의심을 버려야 합니다. 하나님은 결코 우리를 실망시키는 분이 아니기 때문입니다. 하나님은 그런 상황에서 우리를 연단시키시고 훈련하시는 분이십니다.

그러므로 엘리야는 포기하지 않고 계속 기도하면서 사환에게 "7번까지 다시 가라"고 말합니다. 엘리야는 응답을 받기 위해서 진정 기다릴 줄 알았습니다. 응답이 올 때까지 기다릴 줄 알았습니다. 어떤 사람은 응답이 오는 마지막을 기다리지 못하고 포기해 버립니다. 그러나 엘리야는 그릿 시냇가에서 이미 기다리는 훈련을 받았습니다.

그러므로 우리도 응답이 올 때까지 기다릴 수 있어야 합니다. 엘리야는 하나님의 약속에 대한 강한 확신을 가지고 기도했습니다. 하나님의 말씀에 근거해서 기도했습니다. 눈에 보이는 환경에 따라 기도하지 않았습니다. 오직 하나님의 말씀만 붙들고 응답을 확신하며 기도했습니다. "많은 날이 지나고 제 삼년에 여호와의 말씀이 엘리야에게 임하여 이르시되 너는 가서 아합에게 보이라 내가 비를 지면에 내리리라"(왕상 18:1) 여기서 엘리야가 청력이 좋아서 빗소리를 들은 것이 아니라 하나님의 말씀에 대한 확신으로 기도했던 것입니다.

이처럼 하나님의 말씀에 대한 확신으로 기도하는 것이 기도의 능력이요, 기도의 힘이요, 하나님께서 응답으로 역사하는 기도입니다. 그러므로 엘리야는 아합 왕에게 가서 말합니다. "큰비의 소리가 있나이다"(왕상 18:41) 엘리야는 하나님의 말씀에 대한 강한 확신을 가지고 기도했습니다. 마침내 엘리야에게 사환이 달려와 말합니다.

"일곱 번째 이르러서는 그가 말하되 바다에서 사람의 손 만한 작은 구름이 일어나나이다 이르되 올라가 아합에게 말하기를 비에 막히지 아니하도록 마차를 갖추고 내려가소서 하라 하니라"(왕상 18:44)

손바닥만 한 구름이 보이자 엘리야는 아합에게 사람을 보냅니다.

"왕이여, 큰 비가 내립니다. 속히 마차를 타고 내려가십시오."

그러므로 우리도 손바닥만 한 응답의 징조가 있을 때 더욱 간절히 기도해야 합니다. 응답을 기대하고 확신을 가지고 기도해야 합니다. 그런 상황에서 불가능하다고 말하지 말아야 합니다. 빈 그릇이 채워질 수 없다고 말하지 말아야 합니다. 하나님께서 채우지 못할 빈 그릇은 없기 때문입니다. 그러므로 우리는 엘리야처럼 기도해야 합니다.

아홉째, 우리는 여호사밧 왕처럼 기도해야 합니다.

역대하 20장을 읽어보면 여호사밧 왕과 이스라엘 백성들은 엄청난 위기에 직면합니다. 모압 자손과 암몬 자손과 마온 사람들이 연합해서 이스라엘을 치러 왔기 때문입니다(대하 20:1-2). 적들의 숫자는 이스라엘과 비교하면 매우 큰 무리였습니다. 이스라엘 백성들이 도저히 이겨낼 수 없는 숫자였습니다. 우리에게도 우리 힘으로는 도저히 해결할 수 없는 큰 일이 닥쳐올 때가 있습니다. 어떻게 해볼 수도 없는 불가능하게 보이는 일들이 다가올 때가 있습니다. 그럴 때 우리는 어떻게 해야 할까요? 엄청난 위기의 상황에서 여호사밧 왕과 이스라엘 백성들이 어떻게 대처했습니까?

위기의 상황에서 여호사밧 왕은 이스라엘 백성들에게 금식을 선포하고(대하 20:3), 논리적인 기도를 시작합니다. 그는 역대하 20장 6절에서 기도를 통해서 하나님이 어떤 분임을 선포합니다. 그는 하늘의 하나님을 선포합니다. 이방 사람들의 모든 나라를 다스리시는 하나님을 선포합니다. 하나님의 손에 권세와 능력이 있기 때문에 능히 하나님과 맞설 사람이 없다는 것을 분명하게 선포합니다.

그리고 7절에서 가나안 땅은 영원히 아브라함의 자손에게 주셨다는 것을 선포합니다. 그리고 8절과 9절에서 하나님께서 자신들에게 성전을 주셨는데 이 성전에서 하나님께 부르짖으면 하나님께서 응답해 주시겠다고 약속하신 하나님의 약속을 선포합니다.

그리고 10절과 11절에서 은혜를 원수로 갚으려는 적들의 태도를 하나님께 고발합니다. 과거 이스라엘 백성들이 애굽에서 가나안 땅으로 들어갈 때 이스라엘 백성들이 적들을 다 멸망시킬 수도 있었지만 하나님께서 용납하시지 않아서 그들을 살려주었는데 그들이 은혜를 원수로 갚는 것을 보시라고 하나님께 말씀을 드리며, 그들이 하나님이 주신 기업에서 우리를 쫓아내려고 한다고 말씀을 드립니다.

그리고 12절에서 하나님께 겸손한 태도로 기도합니다.

"하나님, 우리는 이들을 대적할 능력이 없습니다. 우리는 어떻게 할 줄도 모릅니다. 그러므로 우리는 오직 주 만 바라봅니다."

이것이 여호사밧 왕이 하나님께 기도한 내용의 핵심이었습니다. 하나님은 이스라엘과 여호사밧 왕의 기도를 들으시고 응답해 주실 수밖에 없었습니다(대하 20:21-24). 이렇게 기도하는데 어찌 하나님께서 응답하시지 않겠습니까? 그러므로 하나님께서는 야하시엘 선지자를 성령으로 감동시켜 그를 통하여 약속의 말씀을 주셨습니다.

"너희는 싸울 필요도 없다. 하나님이 너희를 위하여 싸우실 것이다. 그리고 반드시 너희를 구원하며 승리를 주실 것이다"(대하 20:17)

여호사밧 왕은 하나님의 응답의 약속을 받고 하나님께 감사 찬양을 드립니다. 아직 전쟁에서 승리한 것은 아니지만, 아직 아무 일도 일어나지 않았지만, 그래도 하나님께서 응답을 약속해 주셨기 때문에 이미 승리한 줄로 믿고 감사를 찬양으로 표현하여 노래를 부릅니다.

먼저 하나님을 찬양하는 찬양대를 맨 앞에 세우고 나아가 하나님께 감사 찬양의 노래를 불었습니다. 그런데 놀라운 감사 찬양이 시작되자 하나님께서 일하시기 시작하셨습니다. 하나님의 일은 간단했습니다. 그렇게 엄청나게 많았던 적들이 자기네끼리 싸워서 다 죽게 만들었습니다. 이 얼마나 놀라운 방법입니까?

그러므로 기도가 문제를 해결하는 해답이요 방법입니다. 우리도 여호사밧 왕처럼 문제 앞에서 기도만 하면 역사가 일어나고 문제가 해결될 수 있습니다. 우리는 여기서 기도가 방법이라는 교훈을 배워야 합니다. 우리가 기도하면 하나님이 일하십니다. 우리가 기도하면 능력이 나타납니다. 그러므로 먼저 하나님을 찾아 기도부터 해야 합니다. 다른 방법으로 해보다 안 되면 그때 가서 하나님을 찾는 것이 아니라 여호사밧 왕처럼 위기의 순간에 먼저 하나님께 찾아가 기도부터 해야 합니다. 왜냐하면 우리가 기도할 때 하나님이 일하시기 때문입니다.

우리가 기도하면 하나님의 능력이 나타납니다. 우리가 기도하면 하나님의 기적이 일어납니다. 그러므로 여호사밧 왕은 다른 일을 해보지 않고, 먼저 백성들에게 금식하라고 명령을 내리고, 온 백성을 모아 놓고 여호사밧 왕이 친히 하나님께 부르짖었던 것입니다. 이것이 여호사밧 왕이 문제를 해결하는 방법이었습니다.

그러므로 기도의 방법이 가장 확실합니다. 그러므로 우리도 위기의 순간에 제일 먼저 기도부터 해야 합니다. 사실 우리 인생길에도 불가

항력적인 일들이 일어날 때가 있습니다.

우리는 이러한 어려움이 닥치면 어떻게 해야 합니까?

우리는 무엇보다도 여호사밧 왕처럼 기도부터 해야 합니다.

왜냐하면 기도가 방법이기 때문입니다. 우리가 기도할 때 놀라운 역사가 일어납니다. 우리가 기도할 때 하나님의 보좌를 흔들게 됩니다. 우리가 기도할 때 하나님이 우리에게 담대함과 사랑과 능력과 은총을 부어 주시기 때문입니다.

그러므로 하나님은 우리의 문제를 해결하는 방법으로 기도를 주셨습니다. 그러므로 기도는 불가능한 문제를 해결하는 방법입니다. 우리는 하나님이 주신 기도의 방법을 사용해야 합니다. 우리는 진정 기도의 사람이 되어야 합니다. 그러면 우리는 하나님의 놀라운 기적을 경험할 수 있습니다.

기도의 법적인 권리

우리는 이사야 43장에서 하나님이 어떤 분이신지 발견할 수 있습니다. 이스라엘 백성들을 부르실 때 하나님은 개인을 부르듯이 부르시고 말씀하십니다. "야곱아 너를 창조하신 여호와께서 지금 말씀하시느니라 이스라엘아 너를 지으신 이가 말씀하시느니라 너는 두려워하지 말라 내가 너를 구속하였고 내가 너를 지명하여 불렀나니 너는 내 것이라"(사 43:1)

이 말씀을 우리 그리스도인들에게 적용하면 하나님은 우리를 창조하신 분이십니다. 하나님은 우리를 지으신 분이십니다. 하나님은 우리를 구속하신 분이십니다. 하나님은 우리를 구원하신 분이십니다. 하나님은 우리를 지명하여 불러내신 분이십니다. 하나님은 우리의 왕이십니다(사 43:15). 그러므로 우리는 하나님의 소유입니다. 우리는 하나님의 아들들이요 딸들입니다(사 43:6). 우리는 하나님의 백성들입니다. 우리는 하나님의 증인이요 종들입니다(사 43:10).

이제 하나님께서 우리를 향하여 이렇게 말씀하십니다.

"나 곧 나는 나를 위하여 네 허물을 도말하는 자니 네 죄를 기억하지 아니하리라 너는 나에게 기억이 나게 하라 우리가 함께 변론하자 너는 말하여 네가 의로움을 나타내라"(사 43:25-26)

우리는 이 말씀에서 기도의 법적인 권리가 무엇인지 자세히 알 수 있습니다. 25절에서 하나님은 어떤 분으로 소개되고 있습니까? 하나님은 하나님 자신을 위해서 우리의 허물을 도말하시는 분으로 소개됩니다. 하나님은 우리를 위해서 우리의 허물을 도말하시는 분이 아니라 하나님 자신을 위해서 그렇게 하시는 분이십니다. 하나님께서 왜 그렇게 하셨습니까? 하나님께서 우리를 사랑하시고 우리를 축복하시기 위함입니다.

그래서 하나님께서는 26절에서 "너는 나에게 기억이 나게 하라"고 말씀하십니다. 이 말씀은 하나님께서 우리의 모든 허물을 도말하셔서 우리가 깨끗하게 용서되었다는 사실을 하나님이 기억하시도록 우리가 기도로 말하라는 내용입니다. 그러므로 우리는 우리가 용서 받았다는 사실을 하나님께 말씀을 드려야 합니다.

첫째, 우리는 하나님의 용서를 기억하고 기도해야 합니다.

사실 하나님께서는 예수님을 통해서 우리의 모든 죄를 용서해 주시고 우리의 죄와 허물을 기억하시지 않으신다고 여러 차례 성경을 통해서 말씀하셨습니다. 그러므로 우리는 우리의 모든 허물이 용서되었고, 그래서 하나님께서 우리의 허물을 기억하시지도 않으신다는 사실을 하나님께 말씀을 드려야 합니다. 이것이 무슨 뜻입니까? 이것은 우리가 과거의 모든 죄를 용서 받았다는 사실을 기억하고 당당하게 하나님께 나아가 기도하라는 뜻입니다. 이것이 우리가 기도의 응답을 받을 수 있는 법적인 권리입니다. 그러면 우리는 왜 하나님의 용서를 기억하고 기도해야 합니까? 우리가 하나님께 기도로 나아갈 때 마귀 사탄이 우리의 모든 실수와 허물을 생각나게 하기 때문입니다. 그러므로 우리는 마귀 사탄의 공격을 하나님의 말씀으로 물리쳐야 합니다.

우리는 하나님의 응답을 확신하고 당당하게 기도할 수 있습니다.

"하나님, 나는 모든 죄를 용서 받았습니다. 하나님께서는 나의 어떤 죄도 기억하시지 않습니다. 그러므로 나는 당당하게 주님 앞에 나아가서 하나님이 응답을 주시도록 기도합니다."

둘째, 우리는 기도가 하나님과의 언약이라는 것을 알고 기도해야 합니다.

"우리가 함께 변론하자 너는 말하여 네가 의로움을 나타내라"(사 43:26) 우리가 어떻게 하나님과 변론할 수 있습니까? 하나님께서 "우리가 함께 변론하자"고 말씀하셨기 때문입니다. 하나님께서 우리에게 "너는 말하여 네가 의로움을 나타내라"고 말씀하셨습니다.

그러므로 우리는 하나님께서 우리의 기도에 응답하시도록 기도의 언약을 상기시키며, 변호사처럼 하나님께 요청해야 합니다. 이제 하나님의 말씀을 통해서 우리의 기도에 응답하셔야할 이유를 차분하게 하나님께 말씀을 드려야 합니다. 기도응답의 약속의 말씀들을 하나씩 계속 인용하면서 하나님께서 응답하시도록 말씀을 드려야 합니다.

그러므로 아브라함도 하나님을 설득하는 것처럼 하나님께 기도로 말씀을 드렸습니다. "그 사람들이 거기서 떠나 소돔으로 향하여 가고 아브라함은 여호와 앞에 그대로 섰더니 아브라함이 가까이 나아가 이르되 주께서 의인을 악인과 함께 멸하려 하시나이까 그 성 중에 의인 오십명이 있을지라도 주께서 그 곳을 멸하시고 그 오십 의인을 위하여 용서하지 아니하시리이까 주께서 이같이 하사 의인을 악인과 함께 죽이심은 불당하오며 의인과 악인을 같이 하심도 불당하나이다 세상을 심판하시는 이가 정의를 행하실 것이 아니니이까"(창 18:22-25).

아브라함은 기도가 하나님과의 언약이라는 사실을 알고 있었습니다. 그래서 당당하게 하나님께 요청합니다.

"주께서 의인을 악인과 함께 멸하려하십니까? 세상을 심판하시는 이가 정의를 행하셔야 하지 않겠습니까?"

아브라함은 그냥 말한 것이 아니라 하나님께 가까이 나아가 당당하게 말했습니다. 그러므로 구약의 모든 기도들은 하나님의 언약을 상기시키며, 하나님이 응답하시도록 하나님께 말씀을 드렸기 때문에 응답을 받았습니다. 그러므로 기도는 우리가 하나님의 약속의 말씀에 따라 합당하게 기도하면 하나님께서 반드시 응답해 주십니다. 기도에 관계

된 말씀들을 살펴보십시오. 대부분 하나님과의 언약이라는 사실을 발견할 수 있습니다.

"예레미야가 아직 시위대 뜰에 갇혀 있을 때에 여호와의 말씀이 그에게 두 번째로 임하니라 이르시되 일을 행하시는 여호와, 그것을 만들며 성취하시는 여호와, 그의 이름을 여호와라 하는 이가 이와 같이 이르시도다 너는 내게 부르짖으라 내가 네게 응답하겠고 네가 알지 못하는 크고 은밀한 일을 네게 보이리라"(렘 33:1-3) 이 말씀은 우리가 부르짖으면 하나님께서 응답하신다는 약속입니다.

"구하라 그리하면 너희에게 주실 것이요 찾으라 그리하면 찾아낼 것이요 문을 두드리라 그리하면 너희에게 열릴 것이니 구하는 이마다 받을 것이요 찾는 이는 찾아낼 것이요 두드리는 이에게는 열릴 것이니라 너희 중에 누가 아들이 떡을 달라 하는데 돌을 주며 생선을 달라 하는데 뱀을 줄 사람이 있겠느냐 너희가 악한 자라도 좋은 것으로 자식에게 줄 줄 알거든 하물며 하늘에 계신 너희 아버지께서 구하는 자에게 좋은 것으로 주시지 않겠느냐"(마 7:7-11) 이 말씀은 우리가 계속 찾고, 두드리고, 구하면 반드시 찾을 수 있고, 열리게 되고, 구하는 것을 얻게 된다는 약속의 말씀입니다.

"진실로 다시 너희에게 이르노니 너희 중의 두 사람이 땅에서 합심하여 무엇이든지 구하면 하늘에 계신 내 아버지께서 그들을 위하여 이루게 하시리라 두세 사람이 내 이름으로 모인 곳에는 나도 그들 중에 있느니라"(마 18:19-20) 이 말씀은 두 사람이 합심해서 기도하면 하늘에 계신 아버지께서 반드시 이루어 주신다는 약속의 말씀입니다.

"내가 진실로 너희에게 이르노니 누구든지 이 산더러 들리어 바다에 던져지라 하며 그 말하는 것이 이루어질 줄 믿고 마음에 의심하지 아니하면 그대로 되리라 그러므로 내가 너희에게 말하노니 무엇이든지 기도하고 구하는 것은 받은 줄로 믿으라 그리하면 너희에게 그대로 되리라"(막 11:23-24) 이 말씀은 기도하고 구한 것은 반드시 이루어지기 때문에 이미 받은 줄로 믿으라는 약속의 말씀입니다.

"너희가 내 이름으로 무엇을 구하든지 내가 행하리니 이는 아버지로 하여금 아들로 말미암아 영광을 받으시게 하려 함이라 내 이름으로 무엇이든지 내게 구하면 내가 행하리라"(요 14:13-14) 이 말씀은 우리가 예수님의 이름으로 구하면 예수님께서 반드시 시행하신다는 약속의 말씀입니다.

"아무 것도 염려하지 말고 다만 모든 일에 기도와 간구로, 너희 구할 것을 감사함으로 하나님께 아뢰라 그리하면 모든 지각에 뛰어난 하나님의 평강이 그리스도 예수 안에서 너희 마음과 생각을 지키시리라"(빌 4:6-7) 이 말씀은 아무 것도 염려하지 않고 하나님께 감사한 마음으로 구하면 응답해 주셔서 우리의 마음에 평강이 넘칠 것을 약속하는 말씀입니다.

"너희 중에 고난 당하는 자가 있느냐 그는 기도할 것이요 즐거워하는 자가 있느냐 그는 찬송할지니라 너희 중에 병든 자가 있느냐 그는 교회의 장로들을 청할 것이요 그들은 주의 이름으로 기름을 바르며 그를 위하여 기도할지니라 믿음의 기도는 병든 자를 구원하리니 주께서 그를 일으키시리라 혹시 죄를 범하였을지라도 사하심을 받으리라 그러므로 너희 죄를 서로 고백하며 병이 낫기를 위하여 서로 기도하라 의인의 간구는 역사하는 힘이 큼이니라 엘리야는 우리와 성정이 같은 사람이로되 그가 비가 오지 않기를 간절히 기도한즉 삼 년 육 개월 동안 땅에 비가 오지 아니하고 다시 기도하니 하늘이 비를 주고 땅이 열매를 맺었느니라"(약 5:13-18) 이 말씀은 믿음의 기도가 병든 자를 구원하며, 의인의 간구는 역사하는 힘이 많다는 약속의 말씀입니다.

그러므로 기도는 하나님과의 언약입니다.

하나님께서 응답하실 것을 말씀을 통해서 약속하셨기 때문에 우리는 당당하게 하나님께 나아가 응답할 수밖에 없는 이유를 하나님께 말씀드려야 합니다. 오늘 은혜 시대에 살고 있는 그리스도인들은 예수님의 구속으로 말미암아 의인이 되었고, 예수님의 이름을 사용할 수 있는 특권을 가지고 있기 때문에 우리는 기도의 법적인 권리를 가지고 더 당당하게 하나님께 구할 수 있습니다.

그러므로 우리가 기도할 때 하나님께서 기도에 대해 말씀하신 내용들을 하나님이 기억하시도록 하나님께 기도로 말씀을 드려야 합니다. 기도응답을 받는 비결은 하나님께 그분의 약속을 기억나게 하는 것입니다. 그러므로 하나님의 말씀이 우리 안에 거해야 합니다. 우리가 기도에 관계된 하나님의 약속의 말씀을 모른다면 우리는 하나님께 무엇을 기억나게 해야 하는지 모르게 됩니다. 그러므로 하나님의 말씀이 우리 속에 풍성히 거해야 합니다. "그리스도의 말씀이 너희 속에 풍성히 거하여"(골 3:16)

그러므로 우리는 하나님의 약속의 말씀을 가지고 기도해야 합니다.

셋째, 우리는 기도로 우리의 문제를 하나님께 내려놓아야 합니다.

"너는 나에게 기억이 나게 하라 우리가 함께 변론하자 너는 말하여 네가 의로움을 나타내라"(사 43:26) 이제 우리는 기도를 통해서 우리 문제를 하나님께 내려놓아야 합니다. 여기서 "너는 말하여"라는 말씀은 우리가 응답받을 수밖에 없는 약속의 말씀을 하나님께 말씀드릴 뿐만 아니라 우리의 문제까지도 하나님께 말씀드리는 것입니다.

그러므로 하나님은 "네 일을 나에게 말하라"고 말씀하십니다. 우리는 우리의 문제를 기도로 하나님께 말씀드려야 합니다. 우리가 기도하는 기도내용에 합당한 말씀들을 찾아서 하나님 앞에 내려놓아야 합니다. 우리의 문제에 합당한 하나님의 말씀을 가지고 나아가서 기도해야 합니다. 그러므로 우리는 하나님의 말씀을 알아야 합니다. 우리가 예수님 안에 거하고 하나님의 말씀이 우리 안에 거하면 우리는 무엇이든지 원하는 대로 구할 수 있습니다.

요한복음 15장 7절에 등장하는 "원하는 대로 구하여"라는 말씀은 "요구하다, 권리를 주장하다"는 뜻입니다. 우리는 그리스도 예수 안에서 기도를 통해서 우리의 필요를 요청할 자격을 가지고 있습니다. 이것이 우리와 하나님 사이에 맺은 언약입니다. 우리는 하나님의 자녀로서 자녀에게 속한 모든 것을 받아 누릴 수 있는 법적인 권리를 가지고 있습니다. 그러므로 기도는 구걸이 아니라 법적인 권리를 가지고 당당하게 요구하는 것입니다. 요한복음 16장 23-24절을 보십시오.

"그 날에는 너희가 아무 것도 내게 묻지 아니하리라 내가 진실로 진실로 너희에게 이르노니 너희가 무엇이든지 아버지께 구하는 것을 내 이름으로 주시리라 지금까지는 너희가 내 이름으로 아무 것도 구하지 아니하였으나 구하라 그리하면 받으리니 너희 기쁨이 충만하리라"

이 말씀은 우리가 우리의 권리와 특권을 가지고 무엇이든지 하나님께 요구하면 예수님 이름으로 다 주신다는 약속의 말씀입니다. 그러므로 우리는 우리의 권리와 특권이 무엇인지 배우고 알아야 합니다.

그러므로 문제를 우리 스스로 처리하지 말고 기도로 하나님께 요청하여 하나님께서 해결하시도록 해야 합니다. 기도는 하나님의 명령입니다. 우리에게 가장 좋은 것을 주고 싶어서 기도하라고 격려하시며 명령하시는 것입니다. 우리의 온갖 구하는 것이나 생각하는 것에 더 넘치도록 능히 응답하시는 하나님께서 기도하라고 말씀하시는 것입니다. 그러므로 언제든지 우리 하나님께 요청해야 합니다.

고난과 질병을 치유하는 기도

야고보서 5장 13-18절 말씀을 이해하기 위해서 우리는 이 말씀이 누구를 대상으로 기록되었는지 알아야 합니다. 이 말씀은 믿는 성도들을 대상으로 기록했습니다. 우리 그리스도인들이 이 세상에서 수많은 문제들을 직면하며 살아간다는 사실을 이 말씀에서 발견할 수 있습니다. 인간이라면 어느 누구를 막론하고 문제와 함께 살아가기 마련입니다. 그러므로 문제가 없는 사람은 없습니다.

불신자뿐만 아니라 예수 그리스도를 개인의 주와 구주로 믿는 하나님의 자녀들도 여러 가지 문제를 만날 수 있습니다.

그래서 예수님은 그의 사랑하는 제자들에게 이렇게 말씀하셨습니다. "이것을 너희에게 이르는 것은 너희로 내 안에서 평안을 누리게 하려 함이라 세상에서는 너희가 환난을 당하나 담대하라 내가 세상을 이

기었노라"(요 16:33) 예수님은 분명하게 "세상에서는 너희가 환난을 당하나"라고 말씀하셨습니다. 그러므로 우리는 이 세상을 살아가면서 많은 환난을 당할 수 있습니다.

첫째, 우리는 기도로 고난의 문제를 해결할 수 있습니다.

우리는 우리에게 고난이 다가올 때 그 고난을 어떻게 해결할 수 있습니까? 우리는 기도로 고난의 문제를 해결할 수 있습니다. 그래서 야고보는 이 말씀을 통해서 "너희 중에 고난당하는 자가 있느냐 그는 기도할 것이요 즐거워하는 자가 있느냐 그는 찬송할지니라"(약 5:13) 라고 말씀하고 있습니다. 이 말씀을 현대어 성경에서는 이렇게 번역되어 있습니다.

"여러분 가운데 고난당하는 사람이 있다면 기도하십시오. 즐거운 사람이 있다면 찬송하십시오."

사실 어느 누구도 고난을 반갑게 맞이할 사람은 아무도 없습니다. 마치 학생이 학교에 가면 교과서가 있는데 많은 학생들 중에 그 과목 중에서 수학을 싫어합니다. 그러나 아무리 어려운 수확이라도 수학 문제를 풀 수 있는 확실한 공식을 알고 있다면 그 수확문제는 더 이상 문제가 될 수 없습니다. 오히려 그 어려운 수확문제가 즐겁게 느껴질 것입니다. 왜냐하면 그 문제를 자신 있게 풀 수 있는 확실한 공식을 알고 있기 때문입니다.

그런데 야고보 사도는 "너희 중에 고난당하는 자가 있느냐 그는 기도할 것이요"(약 5:13)라고 말씀하고 있습니다. 여기에 어떤 문제가 있습니까? 고난이라는 문제가 있습니다. 그러나 하나님은 고난을 당하는 자들에게 고난에서 벗어날 수 있는 비결을 제시하고 있습니다. 그 비결이 무엇이 무엇입니까? 기도가 바로 고난의 문제를 해결하는 열쇠입니다. 그러므로 고난당하는 자는 기도로 그 고난을 물리칠 수 있습니다.

그러므로 우리는 고난을 물리치기 위해서 합심기도와 중보기도와 금식기도로 나아가야 합니다. 이처럼 고난을 풀 수 있는 비결이 있음에도 불구하고 사람들은 기도하지 않습니다. 이것저것 인간의 방법을 다 동원하여 그 고난을 해결하다가 안 되면 마지막에 기도하려 합니다. 그러므로 예수 믿는 우리가 기도하지 않으면 영적으로 골병들고 허약한 신앙생활을 할 수밖에 없습니다.

그러므로 우리들의 가장 큰 문제는 인생의 고난이 아니라 우리가 고난당했을 때에 하나님께 기도하지 않는 것이 더 큰 문제입니다. 그러므로 성경의 수많은 영웅들은 기도로 자신들의 문제를 해결했습니다.

이삭이 아내가 임신하지 못하는 문제를 만났을 때 기도함으로 그 문제를 해결하였습니다. "이삭이 그의 아내가 임신하지 못하므로 그를 위하여 여호와께 간구하매 여호와께서 그의 간구를 들으셨으므로 그의 아내 리브가가 임신하였더니"(창 25:21)

모세도 이스라엘을 공격해오는 아말렉이라는 문제를 만났을 때 기도로 그 문제를 해결하였습니다. 우리는 출애굽기 17장에서 모세와 아론과 훌의 기도의 손을 통하여 문제가 해결한 사실을 발견할 수 있습니다.

여호수아도 아모리 사람들과 전쟁하는 문제를 만났을 때 기도로 그 문제를 해결하였습니다. "여호와께서 아모리 사람을 이스라엘 자손에게 넘겨 주시던 날에 여호수아가 여호와께 아뢰어 이스라엘의 목전에서 이르되 태양아 너는 기브온 위에 머무르라 달아 너도 아얄론 골짜기에서 그리할지어다 하매 태양이 머물고 달이 멈추기를 백성이 그 대적에게 원수를 갚기까지 하였느니라 야살의 책에 태양이 중천에 머물러서 거의 종일토록 속히 내려가지 아니하였다고 기록되지 아니하였느냐 여호와께서 사람의 목소리를 들으신 이같은 날은 전에도 없었고 후에도 없었나니 이는 여호와께서 이스라엘을 위하여 싸우셨음이니라"(수 10:12-14)

베드로가 옥에 갇히는 문제를 만났을 때 교회가 기도함으로 그 문제를 해결했습니다(행 12:5). 바울이 빌립보 감옥에 갇히는 문제를 만났을 때도 기도함으로 그 문제를 해결하였습니다(행 16:25)

그러므로 기도는 고난을 물리치는 비결입니다. 기도는 위기를 극복하는 비결입니다. 기도는 고난의 문제를 해결하는 하나님의 능력입니다. 기도는 하나님으로 일하시게 하는 성도의 가장 강력한 도구요 수단입니다. 그러므로 우리가 기도하지 않는 것은 죄입니다(삼상 12:23). 기도하지 않는 성도는 마귀의 표적이 됩니다. 그러므로 인생에서 고난 당하는 성도는 기도해야 합니다. 아무것도 염려하지 말고 기도부터 해야 합니다. 모든 염려를 다 주께 맡기고 기도해야 합니다.

기도는 하나님으로 하여금 일하시게 하는 능력이기 때문입니다.

둘째, 우리는 기도로 질병의 문제를 해결할 수 있습니다.

우리가 인생 살아가면서 피할 수 없는 또 한 가지의 문제가 있다면 바로 질병의 문제입니다. 우리가 질병의 문제를 만났을 때 어떻게 그 질병의 문제를 해결할 수 있습니까? 우리는 기도로 질병의 문제를 해결 할 수 있습니다.

"너희 중에 병든 자가 있느냐 그는 교회의 장로들을 청할 것이요 그들은 주의 이름으로 기름을 바르며 그를 위하여 기도할지니라 믿음의 기도는 병든 자를 구원하리니 주께서 그를 일으키시리라 혹시 죄를 범하였을지라도 사하심을 받으리라 그러므로 너희 죄를 서로 고백하며 병이 낫기를 위하여 서로 기도하라 의인의 간구는 역사하는 힘이 큼이니라"(약 5:14-16)

그러므로 우리에게 질병이 있으면 우리는 교회의 장로들을 청하여 기도하여 치료를 받아야 합니다. 이 말씀은 분명히 질병치유를 위한 약속의 말씀입니다. 이 말씀은 분명히 질병을 위하여 기도하라고 했고, 믿음의 기도가 병든 자를 구원하며, 주께서 병든 사람을 위하여 기도할 때 일으켜 주시겠다고 약속하고 있습니다. 그리고 병 낫기를 위하여 서로 기도하라고 명령하고 있습니다. 이것이 성경이 우리들에게 명령하신 내용입니다. 그러므로 우리가 믿음으로 기도할 때 주께서 역사하십니다.

그러므로 우리 중에 질병이 있는 사람은 교회의 목사들을 청하여 기도를 받아야 합니다. 기도를 부탁 받은 목사는 질병에 걸린 성도를 위하여 중보기도로 하나님께 나가야 합니다. 그러므로 병든 사람은 하나님의 말씀을 붙들고 예수 이름으로 기도하는 가운데 치유함을 받고 일어날 수 있습니다.

예수님의 생애를 자세히 살펴보십시오. 예수님께서는 많은 병자들을 고쳐주셨습니다. 각색 병들이 예수 앞에서 모두 떠나는 모습을 사복음서에서 발견할 수 있습니다. 약을 쓰지 말라는 말이 아닙니다. 야고보가 이 서신을 쓸 당시 기름은 사람들의 질병을 치료하는 치료제로 사용되었습니다. 그러므로 목회자들이 환자를 치료할 때에 기름을 바르고 치료하였습니다. 그런데 중요한 것은 먼저 기도부터 하였다는 사실입니다. 그러므로 우리 예수님은 제자들에게 이렇게 가르쳤습니다.

"내가 진실로 진실로 너희에게 이르노니 나를 믿는 자는 내가 하는 일을 그도 할 것이요 또한 그보다 큰 일도 하리니 이는 내가 아버지께로 감이라 너희가 내 이름으로 무엇을 구하든지 내가 행하리니 이는 아버지로 하여금 아들로 말미암아 영광을 받으시게 하려 함이라 내 이름으로 무엇이든지 내게 구하면 내가 행하리라"(요 14:12-14)

그러므로 우리는 질병치유를 위해서 기도할 수 있습니다. 질병치유는 예수님의 명령이기 때문입니다.

"가면서 전파하여 말하되 천국이 가까이 왔다 하고 병든 자를 고치며 죽은 자를 살리며 나병환자를 깨끗하게 하며 귀신을 쫓아내되 너희가 거저 받았으니 거저 주라"(마 10:7-8)

그러므로 우리는 하늘과 땅의 모든 권세를 가지신 예수님의 이름으로 질병에게 명령해야 합니다. 믿음으로 기도하고 선포해야 합니다.

"믿는 자들에게는 이런 표적이 따르리니 곧 그들이 내 이름으로 귀신을 쫓아내며 새 방언을 말하며 뱀을 집어올리며 무슨 독을 마실지라도 해를 받지 아니하며 병든 사람에게 손을 얹은즉 나으리라 하시더라, 오직 믿음으로 구하고 조금도 의심하지 말라 의심하는 자는 마치 바람에 밀려 요동하는 바다 물결 같으니 이런 사람은 무엇이든지 주께 얻기를 생각하지 말라, 내가 진실로 너희에게 이르노니 누구든지 이 산더러 들리어 바다에 던져지라 하며 그 말하는 것이 이루어질 줄 믿고 마음에 의심하지 아니하면 그대로 되리라 그러므로 내가 너희에게 말하노니 무엇이든지 기도하고 구하는 것은 받은 줄로 믿으라 그리하면 너희에게 그대로 되리라"(막 16:17-18, 약 1:6-7. 막 11:23-24)

질병치유는 예수님께서 모범을 보이시고 기쁨으로 하신 사역이었습니다. "하나님이 나사렛 예수에게 성령과 능력을 기름 붓듯 하셨으매 그가 두루 다니시며 선한 일을 행하시고 마귀에게 눌린 모든 사람을 고치셨으니 이는 하나님이 함께 하셨음이라"(행 10:38) 우리 예수 그리스도는 어제나 오늘이나 영원토록 동일하신 분이시기 때문에 지금도 믿는 우리를 통해서 역사하시며 교회를 통해서 역사하십니다. 이 엄청난 축복의 사역을 환영하고 인정해야 합니다. 질병치유의 역사는 지금도 일어나고 있습니다. 우리는 영적인 분위기를 장악해야 합니다. 믿음으로 기도하고, 예수 이름으로 기도하고, 성령의 권능으로 기도하고, 병명을 구체적으로 알고 기도해야 합니다. 그러므로 고난당하는 자와 병든 자는 기도해야 합니다.

기도의 장애물을 극복하라

우리 그리스도인들에게 꼭 필요한 것은 기도입니다. 우리에게 부족한 것은 돈도 아니고, 일도 아니고, 기도입니다. 우리가 기도생활에 실패하는 이유는 우리가 기도의 중요성을 모르기 때문입니다. 그러므로 우리 그리스도인이 하나님께 기도하지 않는 것이 위기입니다. 우리가 기도를 잊어버리고, 기도를 멈추고, 기도하기를 힘들어하는 것이 바로 위기입니다.

누가복음 15장에 등장하는 탕자는 자기에게 돌아올 재산을 가지고 아버지를 떠나 마음껏 살았습니다. 급기야는 파산에 이르고 이렇게 말합니다. "내가 여기서 주려 죽는 구나" 이러한 위기의식이 있을 때 그는 아버지를 기억하고 아버지를 찾았습니다. 우리도 기도하지 않는 것이 위기라는 의식이 있을 때 하나님을 찾고 기도 할 수 있습니다. 그리스도인이 기도하지 않는 것은 엄청난 위기에 빠져 있는 것입니다. 그러면 우리는 어떻게 기도생활에 성공할 수 있습니까?

먼저 기도생활의 방해물을 재거해야 합니다.

첫째, 우리의 많은 일들이 기도의 장애물입니다.

성경은 그리스도인에게 게으름을 용납하지 않습니다. 그러나 동시에 일 때문에 기도하지 않는 것도 용납하지 않습니다. 그러므로 일이 기도를 방해해서는 안 됩니다. 마르다와 마리아를 살펴보십시오. 마르다는 일 때문에 가장 중요한 것을 못했습니다. 하지만 마리아는 무엇을 선택했습니까? 예수님의 말씀을 들어보십시오.

"몇 가지만 하든지 혹은 한 가지만이라도 족하니라 마리아는 이 좋은 편을 택하였으니 빼앗기지 아니하리라 하시니라"(눅 10:42)

예수님은 마리아가 가장 좋은 것을 선택했다고 말씀하십니다. 현대인들은 마음이 분주한 것이 병입니다.

"마르다는 준비하는 일이 많아 마음이 분주한지라"(눅 10:40)

그러므로 초대 교회의 최초의 위기는 구제하는 일 때문에 사도들이 기도와 말씀에 전무하지 못했던 것입니다. 사실 우리는 일보다는 시간에 쫓기고 있습니다. 그러므로 우리는 어떤 일을 많이 하는 것보다도 기도부터 해야 합니다.

둘째, 세상의 다양한 소리가 기도의 장애물입니다.

TV소리, 피아노 소리, 장사꾼의 소리, 아이들의 소리가 우리에게 기도할 틈을 주지 않습니다. 그러므로 우리 예수님은 새벽에 날이 밝기도 전에 일어나셨습니다. 그리고 조용한 곳을 찾아 아버지께 기도하셨습니다(막 1:35). 새벽 시간이 가장 방해받지 않은 시간이기 때문에 새벽에 일어나서 기도하신 것입니다.

셋째, 우리가 시험에 빠져 있는 것이 기도의 장애물입니다.

그리스도인이 어떤 일로 인하여 시험에 빠지면 기도하지 않습니다. 예수님은 시험에 들지 않도록 깨어 기도하라고 하셨습니다(마 26:41). 우리가 기도하는 부분에 실패하고 있다면 이미 시험에 든 것입니다. 우리는 이미 영적인 질병에 걸려있는 것입니다. 기도하지 않는 사람은 아주 어렵게 신앙생활을 하는 사람입니다.

우리가 기도하는 일에 실패하면 괜히 사람들을 의식하고 사람들의 말과 칭찬에 민감해 집니다. 하지만 기도생활에 성공하는 사람은 하나님께 칭찬을 받습니다. 그러므로 우리는 기도생활에 더 많은 시간을 투자하고 기도생활에 성공해야 합니다.

넷째, 우리의 욕심이 기도의 장애물입니다.

"구하여도 받지 못함은 정욕으로 쓰려고 잘못 구하기 때문이라"(약 4:3) 우리의 마음 가운데 욕심이 있으면 하나님께서는 우리의 기도를 들어주시지 않습니다. 하나님께서는 먼저 우리의 마음 가운데 있는 욕심을 버리라고 말씀하십니다.

이스라엘에 가면 갈릴리 바다와 사해가 있습니다. 이 갈릴리 바다는 경치가 너무 아름다워서 이곳에는 고기와 새들이 많이 있습니다. 그리고 사람들도 이 경치를 구경하기 위해서 모여듭니다. 그런데 사해는 고기와 새들이 살수가 없습니다. 그 이유는 무엇일까요? 바로 갈릴리 바다는 상류에서 내려온 물을 받아서 하류로 보내는 것입니다. 그런데 사해 바다는 상류에서 내려온 물을 받아서 하류로 보내는 것이 아니라 욕심쟁이처럼 가지고 있습니다. 그러나 갈릴리 바다는 하류로 자기의 물을 보내주기 때문에 깨끗하게 정화되는 것입니다.

이와 같이 우리도 기도를 할 때에 우리의 욕심대로 기도하면 안 됩니다. 우리는 하나님의 뜻에 따라 기도해야 응답을 받습니다. 그러므로 우리의 마음 가운데 욕심을 버려야 합니다. 우리가 이 욕심을 버릴 때에 하나님께서는 우리의 기도를 응답해 주십니다.

다섯째, 다른 사람을 미워하는 마음이 기도의 장애물입니다.

"서서 기도할 때에 아무에게나 혐의가 있거든 용서하라 그리하여야

하늘에 계신 너희 아버지께서도 너희 허물을 사하여 주시리라 하시니라"(막 11:25)

그러므로 우리는 먼저 다른 사람을 미워하는 마음을 버리고 기도해야 합니다. 우리는 먼저 서로 용서하고 사랑해야 합니다. 우리의 마음 가운데 미워하는 마음이 있으면 기도가 응답되지 않기 때문입니다. 그러므로 우리의 마음 가운데 있는 미워하는 마음을 버려야 합니다. 다른 사람들에 대한 쓴 뿌리를 버려야 합니다.

그리고 가정 안에서 부부생활이 원만해야 합니다. 부부생활이 원만하지 못할 때 기도가 막히기 때문입니다.

"남편들아 이와 같이 지식을 따라 너희 아내와 동거하고 그를 더 연약한 그릇이요 또 생명의 은혜를 함께 이어받을 자로 알아 귀히 여기라 이는 너희 기도가 막히지 아니하게 하려 함이라 또는 그 아내를 더 연약한 그릇 같이 여겨 지식을 따라 동거하고"(벧전 3:7)

그리고 우리의 모든 죄를 자백해야 합니다. 죄를 좋아하고 즐길 때도 기도가 응답되지 않기 때문입니다.

"내가 나의 마음에 죄악을 품었더라면 주께서 듣지 아니하시리라"(시 66:18)

그리고 이기적인 태도를 버리고 다른 사람을 도와주어야 합니다.

"귀를 막고 가난한 자가 부르짖는 소리를 듣지 아니하면 자기가 부르짖을 때에도 들을 자가 없으리라"(잠 21:13)

그리고 모든 말씀에 순종해야 합니다. 하나님의 말씀에 순종하지 않는 사람의 기도는 가증하기 때문입니다.

"사람이 귀를 돌려 율법을 듣지 아니하면 그의 기도도 가증하니라"(잠 28:9)

05. 그리스도인의 예배

수레바퀴의 삶에서 다섯째는 그리스도인의 예배하는 생활입니다. 이 세상에서 가장 지혜로운 사람은 우선순위를 바로 아는 사람입니다. 인생에서 무엇이 더 중요한지를 아는 사람이 진정 지혜로운 사람입니다. 그러면 우리의 삶에서 가장 중요한 것이 무엇입니까? 하나님을 섬기는 예배입니다.

예배는 우리가 즐기는 시간이 아니라 하나님께 영광 돌리는 시간이기 때문에 너무나 중요합니다. 우리는 하나님께 예배를 드림으로 하나님 앞에 올바른 사람으로 세워집니다. 우리는 예배를 통하여 가장 많은 것을 배울 수 있습니다. 그러므로 우리는 예배의 소중함을 자세히 알고 실천하는 사람이 되어야 합니다. 예배를 통해 하나님의 축복을 받아 누리는 사람이 되어야 합니다. 하나님은 예배를 통해서 우리에게 축복을 주시기 때문입니다.

그러므로 무엇보다도 예배에 성공하겠다는 자세를 가져야 합니다. 다른 것은 몰라도 예배만은 성공해야 합니다. 그럴 때 우리는 하나님의 엄청난 축복을 경험하실 수 있습니다.

예배란 무엇인가?

예배란 하나님께 영광을 돌리는 시간입니다. 그러므로 예배는 인간이 부각되기보다 하나님이 높임을 받아야 합니다. 예배는 무엇보다도 거룩하신 하나님의 면전에서 행하는 인간의 최고의 행위입니다.

그래서 예배를 뜻하는 단어 '워십(Worship)'은 하나님께 최고의 가치와 존귀를 드리는 것을 뜻합니다. 인간이 하나님을 예배하는 주된 이유는 하나님은 창조주이시고 인간은 그분의 피조물이라는 사실과 함께 예수 그리스도를 통해서 구원해 주셨기 때문입니다.

우리가 예배하는 하나님은 창조주이시며, 역사의 주인이시며, 인격을 가지신 분이십니다. 그분은 인간이 드리는 예배를 받으시며, 예배의 현장에 임재하시고 친히 말씀하시는 분이십니다. 그러하기에 시종일관 끊임없이 하나님을 칭송하고 감사하는 마음으로 하나님께 영광을 돌리는 것입니다.

첫째, 예배는 하나님과 인간이 만나는 사건입니다.

예배에서 인간은 하나님께 나아가고, 하나님께서는 인간에게 다가오십니다. 감리교 예배학자 폴 훈 박사는 기독교 예배를 "하나님의 계시와 인간의 응답이며, 하나님과 인간의 대화"라고 정의하였습니다. 루터교회 예배학자 피터 무르너 박사는 예배를 "회중을 위한 하나님의 봉사와 하나님을 위한 회중의 봉사"라고 정의하였습니다. 장로교 신학자인 플로로프스키는 "진정한 기독교 예배는 독백이 아니다. 예배는 본질적으로 대화이며, 기독교 예배는 하나님의 부르심과 그리스도의 구속적 행위에서 절정을 이루는 하나님의 전능하신 행위에 대한 인간의 응답이다."라고 말했습니다.

그러므로 기독교의 예배는 결코 인간만의 독백이 아니며, 예배는 인간들끼리만 만나서 사귀고 교제하는 친교의 행위가 아닙니다. 예배는 존엄하신 하나님과의 만남입니다. 그러므로 두려움과 떨림이 수반되는 거룩한 행위입니다.

예배에서 하는 모든 순서와 동작은 하나님께 나아가는 인간의 행동이거나 아니면 인간에게 다가오시는 하나님의 행동입니다. 인간이 하나님께 나아가는 행동은 기도와 찬양과 감사와 봉헌 등의 순서를 통해서 표현됩니다. 하나님께서 인간에게 다가오시는 행동은 대표적으로 말씀을 통하여 표현됩니다.

둘째, 예배는 예수 그리스도께서 중심에 계셔야 합니다.

우리가 예배를 통해서 예수 그리스도를 강조하는 것은 기독교 예배가 그리스도와 그분의 사역에 기초하고 있기 때문입니다. 그리스도께서 하나님과 인간 사이에 서 계십니다. 그리스도께서는 하나님을 인간에게 계시하시며, 인간은 그리스도를 통하여 하나님께 응답하는 것입니다.

셋째, 예배는 하나님의 구속사의 재연입니다.

예배는 하나님의 창조로부터 시작해서 예수 그리스도의 구속 사건에서 절정을 이루고, 장차 하나님 나라의 왕성을 통해서 성취하실 구속사의 모든 과정을 포괄하여 표현하는 것입니다. 폴 알멘은 이렇게 지적하고 있습니다.

"예배는 하나님께서 인간 역사에 개입하심으로 절정을 이루는 구속사의 전 과정을 요약하고, 확인하고, 늘 새롭게 갱신하는 것입니다. 이렇게 함으로서 그리스도께서는 성령을 통하여 영혼을 구원하시는 사역을 지속하시는 것입니다."

따라서 예배는 하나님의 구속사 전체를 기도와 찬양과 설교를 통하여 언급하고 되풀이함으로서 그것들을 현재에 다시 생생하게 재현하는 것입니다.

넷째, 예배는 부활의 신비를 경험하는 시간입니다.

예배학자 오도 카젤은 이렇게 지적하고 있습니다. "예배는 교회가 행하는 그리스도의 신비의 재연입니다." 여기 그리스도의 신비는 예수 그리스도의 수난과 부활을 뜻합니다. 그리스도의 성육신과 죽으심과 부활과 승천은 모두 인간적 가능성과 잠재성을 뛰어넘어 하나님께서 당신 자신을 계시하시는 수단이기 때문에 신비합니다.

그러므로 우리는 예배를 통해서 하나님과 만나는 경험을 해야 합니다. 인간끼리만 모였다가 공허한 가슴을 안고 헤어지는 자리가 아니라 하나님을 만나 풍성한 축복을 받고 나아가는 것입니다.

예배의 특권

예배에 성공하려면 우리가 하나님께 예배를 드리는 것이 특권이라는 것을 알아야 합니다. 그러므로 하나님께 아무나 예배를 드리는 것이 아닙니다. 진정으로 구원을 받고 하나님을 인격 대 인격으로 만난 경험이 있는 사람들이 하나님께 예배를 드릴 수 있습니다. 우리는 이러한 교훈을 히브리서에서 발견할 수 있습니다.

"그러므로 형제들아 우리가 예수의 피를 힘입어 성소에 들어갈 담력을 얻었나니 그 길은 우리를 위하여 휘장 가운데로 열어 놓으신 새로운 살 길이요 휘장은 곧 그의 육체니라 또 하나님의 집 다스리는 큰 제사장이 계시매 우리가 마음에 뿌림을 받아 악한 양심으로부터 벗어나고 몸은 맑은 물로 씻음을 받았으니 참 마음과 온전한 믿음으로 하나님께 나아가자 또 약속하신 이는 미쁘시니 우리가 믿는 도리의 소망을 움직이지 말며 굳게 잡고 서로 돌아보아 사랑과 선행을 격려하며 모이기를 폐하는 어떤 사람들의 습관과 같이 하지 말고 오직 권하여 그 날이 가까움을 볼수록 더욱 그리하자"(히 10:19-25)

이 말씀은 히브리서 7장부터 10장 18절까지의 결론으로 주어져 있습니다. 구약에서 해결할 수 없었던 죄의 문제를 예수 그리스도의 십자가 사건을 통해서 단번에 해결했습니다. 그러므로 히브리서의 기자는 본문에서 단번에 구원받은 그리스도인이 해야 할 의무를 다루고 있습니다. 사실 우리는 엄청난 특권을 통해서 단번에 우리의 모든 죄를 용서받았습니다.

그러므로 단번에 죄 용서함을 받고 의롭다함을 얻은 우리 그리스도인들은 무엇보다도 하나님을 섬기는 예배에 충성해야 합니다.

구약의 성도들은 모든 죄를 단번에 해결할 수 없었기 때문에 항상 두려움이 있었습니다. 그러나 우리는 예수 그리스도께서 우리의 모든 죄를 단번에 다 용서해 주셨기 때문에 의인으로서 하나님께 당당하게 나아갈 수 있습니다. 바로 예수님께서 하나님께 나아갈 새로운 길을 만들어 주셨기 때문입니다. 이제 하나님께 나아갈 길이 열렸으니 참 마음과 온전한 믿음으로 하나님께 나아가서 예배를 드리는 것입니다. 이것은 예수 그리스도의 엄청난 희생을 통해서 얻은 특권입니다.

히브리서 10장 20절을 보십시오. "그 길은 우리를 위하여 휘장 가운데로 열어 놓으신 새로운 살 길이요 휘장은 곧 그의 육체니라"

이제 예수님께서 십자가에서 죽으심으로 하나님께 나아갈 길이 열렸습니다. 예수 그리스도께서 십자가에서 운명하시던 날 성전 안에 있던 휘장이 위로부터 아래로 찢어져 하나님께로 나아갈 길이 열렸습니다.

"이에 성소 휘장이 위로부터 아래까지 찢어져 둘이 되니라, 예수께서 다시 크게 소리 지르시고 영혼이 떠나시니라 이에 성소 휘장이 위로부터 아래까지 찢어져 둘이 되고 땅이 진동하며 바위가 터지고"(막 15:38, 마 27:50-51)

그러므로 우리는 이제 예수님의 피를 힘입어 성소에 들어갈 담력을 얻었습니다. 예수님께서 우리의 모든 죄의 값을 다 지불하시고 다 이루었다고 말씀하시고 운명하시자 하나님께 나아갈 수 없도록 우리를 가로막고 있었던 성전의 휘장이 위로부터 아래로 찢어져 하나님께 나아갈 새로운 길이 열린 것입니다. 예수님은 우리에게 살아 있는 사람이 들어갈 수 있는 길을 열어 주셨습니다. 구약에서는 아무나 성소에 들어갈 수 없었습니다. 죄가 있는 사람은 절대로 성소에서 하나님을 만날 수 없었습니다. 죄가 있는 사람이 하나님께 나아가면 누구나 죽을 수밖에 없었습니다. 그러나 예수님께서 우리의 죄의 대가로 보혈의 피를 지불하시고 돌아 가셨기 때문에 우리는 이제 하나님께 당당하게 나아갈 수 있습니다. 그래서 그 길은 새로운 길이요 산길입니다.

그러므로 우리는 온전한 믿음으로 하나님께 나아가야 합니다. 이 말은 이제 구원받은 것으로 끝나지 말고 예배에 성공하라는 말입니다. 이제는 더 열심히 하나님께 나아가야 합니다. 옛날에는 하나님께 나가고 싶어도 나아갈 수가 없었습니다.

하지만 이제 예수님의 희생을 통해서 하나님께 나아갈 수 있는 길을 마련해 주셨기 때문에 우리가 하나님께 나아가 예배를 드리지 않는다면 엄청난 큰 죄를 범하는 것입니다.

예배의 중요성

우리는 무엇보다도 예배의 중요성을 알아야 합니다. 예배란 무엇입니까? 우리가 하나님의 사랑을 받고 감사해서 그 감사를 행동으로 표현하는 것이 예배입니다. 그러므로 하나님은 예배를 통해서 우리를 축복해 주십니다. 예배는 하나님의 축복을 받는 통로입니다. 예배는 우리 그리스도인의 삶에서 그만큼 중요할 수밖에 없습니다.

첫째, 예배는 하나님의 명령이기 때문입니다.

히브리서 10장 22절은 "참 마음과 온전한 믿음으로 하나님께 나아가라"고 명령하고 있습니다. 이것이 하나님의 명령이라면 하나님께서 그만큼 예배를 원하고 있다는 사실을 말해주고 있습니다. 그래서 하나님은 강력하게 예배하는 자들을 찾으십니다.

요한복음 4장 23-24절을 보십시오. "아버지께 참되게 예배하는 자들은 영과 진리로 예배할 때가 오나니 곧 이 때라 아버지께서는 자기에게 이렇게 예배하는 자들을 찾으시느니라 하나님은 영이시니 예배하는 자가 영과 진리로 예배할지니라"

이 말씀에서 "찾는다"는 표현은 아주 강력한 표현입니다. 마치 부모가 잃어버린 아이를 애타고 찾고 있는 것처럼 우리 하나님께서도 예배하는 자들을 그렇게 찾고 계십니다. 하나님께서 왜 애타게 찾으시겠습니까? 당연히 축복해주시기 위해서 찾으십니다.

둘째, 우리가 하나님께 예배를 드릴 때, 하나님을 하나님으로 대우하기 때문입니다.

우리는 열심히 예배에 참석하므로 하나님을 하나님으로 대우하는 것입니다. 우리가 하나님을 예배하므로 하나님과 다른 것 중에서 하나님을 선택하는 것입니다. 우리는 누구나 다 바쁜 일이 있습니다. 그럼에도 불구하고 예배에 참석하는 것은 하나님을 그만큼 중요하게 여기기 때문입니다. 우리가 진정으로 구원받은 사람이라면 당연히 예배에 성공함으로 우리의 믿음과 행함을 보여야 합니다.

그러므로 그때 하나님께서는 우리를 통하여 영광을 받으시는 것입니다.

셋째, 우리가 예배를 통해서 격려를 받고 힘을 얻기 때문입니다.

히브리서 10장 24절을 보십시오. "서로 돌아보아 사랑과 선행을 격려하라"고 명령하고 있습니다. 우리는 이 말씀을 통해서 아주 중요한 원리를 발견할 수 있습니다. 우리 모두는 사랑과 격려가 필요하다는 사실입니다. 우리들 중에 격려가 필요하지 않은 사람은 아무도 없습니다. 그러므로 예배에 참석해서 서로를 돌아보고 사랑하고 서로를 격려해야 합니다. 또한 우리가 사랑과 선행을 계속하기 위해서는 격려가 필요합니다. 우리에게 격려가 없으면 사랑과 선행을 계속할 수 없습니다. 우리는 결국 지칠 수밖에 없습니다. 우리가 지치게 되면 포기하고 싶은 유혹이 생깁니다. 이것을 우리 하나님께서는 너무나 잘 아시기 때문에 예배를 통해서 함께 모여서 "사랑과 선행을 격려하라"고 명령하고 있습니다. 하나님께서도 예배를 통해서 우리를 격려해 주십니다.

예배의 장애물 극복

우리는 예배의 장애물을 극복해야 합니다. 많은 그리스도인들이 예배에 성공하지 못하고 예배에 실패하는 이유가 무엇입니까? 이렇게 중요한 예배에 실패하는 것은 마귀 사탄의 방해가 있기 때문입니다.

첫째, 사탄은 예배를 드리는 일이 중요한 일인지 모르게 만듭니다.

그러므로 우리가 예배의 중요성을 모르고 있다면, 우리는 마귀 사탄의 유혹에 이미 넘어간 것입니다. 그러므로 예배의 중요성을 알아야 합니다. 그리스도인에게 있어서 예배를 드리는 일은 그만큼 중요한 것입니다. 예배의 성공은 우리의 영적인 생명과 건강과 복과 화가 달려 있습니다. 예배의 성공은 하나님께 축복을 받고 예배에 실패하면 화를 당합니다. 그러므로 우리는 예배의 중요성을 배워야 합니다.

둘째, 사탄은 그리스도인들이 세상일에 빠지게 하여 시간을 빼앗아 갑니다.

그러므로 우리가 세상일에 너무 몰두하다보면 예배에 성공할 수 없습니다. 우리는 우리의 마음을 영적인 것에서 세상적인 것에 빼앗길 수 있습니다. 그러므로 마귀 사탄은 예배에 참석하지 못하게 하려고 예배 전에 꼭 문제를 가져다줍니다. 우리가 그 문제를 처리하느라고 애를 쓰다보면 예배에 빠지게 되는 것은 당연합니다. 그러므로 그런 일이 생기면 "아하, 지금 마귀가 나에게서 예배의 은혜를 빼앗아 가려고 전략을 꾸미고 있구나"하고 마귀 사탄의 유혹을 물리쳐야 합니다. 그러므로 일단 예배에 참석하고 나서 그 문제를 해결하겠다는 자세를 가져야 합니다. 그러면 문제는 하나님께서 해결해 주십니다.

그러므로 우리의 마음이 하나님께 예배를 드리는 것보다는 세상일에 더 가있는지 살펴보아야 합니다. 우리의 관심이 어디에 있는지 살펴보아야 합니다. 그러므로 우리가 예배에 성공하지 못하고 있다면 마귀에게 우리의 마음을 빼앗기고 있는 것입니다.

셋째, 마귀 사탄은 우리의 신앙을 병들게 만듭니다.

육체적인 질병이 어린이에게나 어른에게나 모두 찾아오는 것처럼 영적인 질병도 동일한 원리로 우리에게 찾아옵니다. 그러므로 우리는 우리의 신앙이 병들지 않도록 잘 관리해야 합니다. 부지런히 말씀도 보고, 기도도 하고, 전도도 해야 합니다. 그래야 우리의 신앙이 병들지 않고 건강하여 예배에 성공할 수 있습니다.

넷째, 마귀 사탄은 우리가 예배에 빠지는 것이 습관화 되도록 유혹합니다.

그래서 히브리서 기자는 이렇게 권면합니다. "모이기를 폐하는 어떤 사람들의 습관과 같이 하지 말고 오직 권하여 그 날이 가까움을 볼수록 더욱 그리하자"(히 10:25)

다섯째, 사탄은 우리가 예배에 실패할 때 받는 심판의 무서움을 모르게 만듭니다.

우리가 구원받은 목적이 무엇입니까? 구원의 목적은 무엇보다도 예배에 성공하는 것입니다. 구원받은 것으로 끝나는 것이 아니라 구원받은 사람은 제일 먼저 예배를 통하여 하나님을 섬겨야 합니다. 그러나 구원을 받고도 하나님을 섬기지 않는다면 무서운 심판이 기다리고 있습니다. 히브리서 10장 26-31절은 그런 차원에서 기록한 것입니다.

"우리가 진리를 아는 지식을 받은 후 짐짓 죄를 범한즉 다시 속죄하는 제사가 없고 오직 무서운 마음으로 심판을 기다리는 것과 대적하는 자를 태울 맹렬한 불만 있으리라 모세의 법을 폐한 자도 두세 증인으로 말미암아 불쌍히 여김을 받지 못하고 죽었거든 하물며 하나님의 아들을 짓밟고 자기를 거룩하게 한 언약의 피를 부정한 것으로 여기고 은혜의 성령을 욕되게 하는 자가 당연히 받을 형벌은 얼마나 더 무겁겠느냐 너희는 생각하라 원수 갚는 것이 내게 있으니 내가 갚으리라 하시고 또 다시 주께서 그의 백성을 심판하리라 말씀하신 것을 우리가 아노니 살아 계신 하나님의 손에 빠져 들어가는 것이 무서울진저"

하나님의 심판의 손에 빠져 들어가는 것이 얼마나 무섭습니까?
그러므로 우리는 예배에 성공하기 위해서 예배드리는 것이 얼마나 큰 특권인지 알아야 합니다. 그리고 우리가 예배에 성공하기 위해서 예배의 중요성을 알아야 합니다. 그리고 우리가 예배에 성공하기 위해서 예배의 장애물을 극복해야 합니다.

06. 그리스도인의 섬김

　수레바퀴 삶에서 여섯째는 그리스도인의 섬김의 생활입니다. 그러므로 섬김의 생활은 그리스도인의 삶에서 너무나 중요한 삶의 태도입니다. 우리 그리스도인은 하나님의 사랑과 섬김을 경험하고 죄를 용서받고 하나님의 자녀가 되었기 때문에 이제는 모든 사람을 사랑하고 봉사할 능력을 가진 존재가 되었습니다.
　그러므로 하나님의 사랑과 섬김을 경험한 우리는 우리 자신보다는 다른 사람을 섬기는 사람이 되어야 합니다. 우리가 진정한 섬김의 삶을 실천할 때 비로소 우리는 삶이 풍요롭고 풍성하게 되는 것을 경험할 수 있습니다.
　그러므로 오성춘 교수는 사랑과 섬김의 삶을 살아가는 사람들에 대해서 이렇게 말합니다.

"기독교 윤리의 진수라고 할 수 있는 사랑과 섬김을 우리의 삶의 과정에서 실천적으로 경험함으로써 사색과 감정으로 수용한 기독교 정신의 깊이를 몸으로 터득할 수 있습니다. 다른 사람을 돕기 위해서는 다른 사람의 존재를 인정하고 그 인격을 존중하여야 할 뿐만 아니라, 물질적인 것과 정신적인 것과 영적인 것을 다른 사람에게 나누어줄 수 있는 여유를 가져야 합니다. 또한 사랑과 섬김은 다른 사람을 위해 자신이 희생하는 것임을 잊지 말아야 합니다."

진정한 섬김의 사람

필립 텡의 우리가 섬기는 사람이 되는 놀라운 비결을 제시했습니다. 첫째로 우리가 섬기는 사람이 되려면 먼저 우리 몸을 하나님께 헌신해야 합니다(롬 12:1).

헌신이란 우리의 마음과 몸을 하나님께 드리는 것입니다. 헌신하는 사람은 주님을 사랑하는 사람입니다. 헌신은 우리의 삶의 주권을 주님께 맡기는 것입니다. 헌신은 주님께서 쓰시는 그릇이 되는 것입니다. 헌신은 주님을 위해 사는 것입니다. 사도 바울의 권면을 들어보십시오.

"그리스도의 사랑이 우리를 강권하시는도다 우리가 생각하건대 한 사람이 모든 사람을 대신하여 죽었은즉 모든 사람이 죽은 것이라 그가 모든 사람을 대신하여 죽으심은 살아 있는 자들로 하여금 다시는 그들 자신을 위하여 살지 않고 오직 그들을 대신하여 죽었다가 다시 살아나신 이를 위하여 살게 하려 함이라"(고후 5:14-15)

헌신적인 사람은 그리스도를 삶의 중심으로 모시고 모든 계획과 목표의 초점을 하나님께 맞추어야 합니다. 섬김의 사람이 되려면 하나님이 쓰시기에 합당한 그릇이 되어야 합니다. 주님은 깨끗한 그릇을 쓰시기 때문입니다(딤후 2:21).

둘째로 우리가 섬기는 사람이 되려면 우리가 먼저 충만해져야 합니다.

우리는 무엇보다도 사랑으로 충만하고 성령 충만해야 합니다. 우리가 섬기는 사람이 되려면 믿음이 있어야 하며 성령의 은사를 구하고 활용해야 합니다. 우리가 섬기는 사람이 되려면 우리 자신을 가꾸어 나가야 합니다. 하나님은 섬기는 사람을 그가 실천하는 섬김보다 훨씬 더 귀중히 여기십니다. 일보다 일꾼이 소중하다는 것은 하나의 보편적인 사역의 원리입니다.

셋째로 우리가 섬기는 사람이 되려면 다른 사람과 협력하고 하나가 되어야 합니다.

우리 그리스도인은 다른 사람과 자신을 연합할 수 있어야 합니다. 우리는 "나"라는 개념 속에 많은 사람과 사물을 포함하여 쉽게 하나 됨을 느낄 수 있어야 합니다. 어린이들을 관찰해 보면 지극히 자기중심적이어서 자기 자신의 필요와 욕구 충족에 관심을 가지지만 차차 성장하면서 남을 의식하게 되고 다른 사람을 위하는 마음이 생기게 됩니다. 따라서 섬김의 정신은 성숙한 사람들의 특성 가운데 하나입니다. 일생을 마칠 때까지 자기 자신의 운명이나 복지 문제 이외의 다른 것을 별로 생각하지 못하는 사람들도 있습니다. 반면에 국적, 인종, 나이, 성별 등에 관계없이 온 인류의 복지 문제를 자기 복지 문제처럼 관심을 가지는 이들도 있습니다.

섬김을 실천하는 사람들은 크게 확장된 "자기"의 느낌을 가지고 살아갑니다. 그들은 "나"는 다른 사람들의 일부요, 다른 사람은 "나"의 일부인 것을 분명히 느끼고 있습니다. 이는 다른 사람들과 어울려 다니거나 함께 돌아다니는 것을 의미하지는 않습니다. 오히려 자기와 다른 사람이 공동운명체임을 깨닫고 실험실에서 홀로 인류의 복지를 위해 심혈을 기울이거나 일상생활에서 이웃을 내 몸처럼 사랑할 수 있습니다.

자기 자신과 다른 사람을 동일시하는 사람은 다른 사람들에게 피해를 주거나 해로운 행동을 할 수 없습니다. 왜냐하면 다른 사람의 고통이 곧 자기의 고통이기 때문입니다. 다른 사람을 위해서 하는 일이 곧 자기를 위하여 하는 일이고, 자기가 좋아서 하는 일이 곧 다른 사람을 기쁘게 하는 일이 됩니다. 우리가 그렇게 살아갈 때 자기와 타인 사이에 경계가 무너지게 됩니다. 따라서 다른 사람을 무시하거나 거절할 수 없습니다.

그러므로 우리는 책임과 의무에 충실한 민주적인 인간으로 살아갑니다. 또한 다른 사람들과 하나 됨을 강하게 느끼기 때문에 소속된 집단과 사회에서 공동 목표의 달성을 위해서 상부상조하는 협동 정신을 발휘하게 됩니다.

오랫동안 다른 사람들로부터 사랑 받지 못하고 인정받지 못하고 신뢰받지 못한 사람은 자기 마음의 문을 닫아 버리고 적대감을 가지고 다른 사람들을 대하게 됩니다. 주위에 있는 사람들과 마음을 열어 대화하려는 자세보다는 두려운 나머지 마음의 문을 굳게 닫아버리고 속으로 숨어 버리게 됩니다. 그야말로 창살 없는 감옥에 스스로 갇혀서 외로운 나머지 세상 사람들만 원망하는 경우입니다.

하나님을 섬기는 삶

이 세상에는 다른 사람을 섬기는 사람들이 참으로 많습니다. 자신의 이웃을 섬기는 사람들도 있고, 몸이 불편한 장애인들을 섬기는 사람들도 있고, 각기 다양한 분야에서 많은 사람들을 섬기고 있습니다. 그러나 섬김 중에 최고의 섬김은 우리를 창조하시고 우리를 구원해 주신 하나님을 섬기는 삶입니다. 다른 사람들을 섬기는 것도 중요하지만 우리 하나님을 섬길 때에는 어떤 태도와 어떤 자세를 가지고 섬겨야 합니까? 우리는 마태복음 20장 1-16절에서 하나님을 섬기는 삶이 무엇인지 배울 수 있습니다. 우리는 어떻게 하나님을 잘 섬길 수 있습니까?

첫째로 우리는 언제나 끝까지 신실하게 주님을 잘 섬겨야 합니다.

우리는 먼저 마태복음 20장 1-16절의 배경을 온전히 이해해야 합니다. 마태복음 19장 16-22절에서 한 부자 청년이 예수님께 나아옵니다. 예수 그리스도께서는 부자 청년에게 주님을 가장 귀중한 분으로 알고 그분을 섬기는데 방해가 될 수 있는 재물을 다 팔아서 가난한 자들에게 주라고 명령하셨습니다. 하지만 그 부자 청년은 물질에 대한 욕심 때문에 예수님의 명령에 불순종하고 떠나가 버렸습니다. 그것을 지켜보던 베드로는 마태복음 19장 27절에서 자신들은 모든 것을 다 버리고 예수님을 좇고 있으니 어떤 보상이 있겠느냐고 질문을 합니다. 그 때 예수님께서는 마태복음 19장 28-29절에서 예수님을 섬긴 대가와 보상은 예수 그리스도의 통치권에 함께 참여할 수 있다고 말씀하십니다. 그리고 예수 그리스도를 위해서 모든 것을 버린 사람은 여러 배로 보상을 받고 영생을 상속할 것을 약속하셨습니다.

그리고 예수님께서 아주 중요한 말씀을 마태복음 19장 30절에서 말씀하셨습니다. 먼저 된 자가 나중 되고 나중 된 자가 먼저 될 수 있다는 것입니다. 그리고 마태복음 20장 1-16절에서 포도원의 비유에 관하여 설교를 하셨습니다. 그런데 포도원 비유의 설교를 마치시면서 다시 한 번 "먼저 된 자가 나중 되고 나중 된 자가 먼저 될 수 있다"(마 20:16)고 교훈하셨습니다.

그러므로 우리는 교회에서나 어디에서든지 하나님을 섬기는 일을 할 때에는 언제나 끝까지 신실하게 잘 섬겨야 합니다. 왜냐하면 먼저 된 자가 나중 될 수도 있기 때문입니다. 19장에 등장한 부자도 처음에는 시작을 잘했습니다. 그러나 중도에서 포기하고 주님 곁을 떠나가 버렸습니다. 포도원 비유에 등장하는 하루 종일 일을 한 일꾼도 일은 잘 시작했지만 결국에는 주인에게 인정을 받지 못했습니다.

그러므로 우리는 언제나 끝까지 최선을 다하여 하나님을 섬길 수 있어야 합니다.

둘째로 우리는 섬기는 대상인 하나님을 바로 알고 섬겨야 합니다.

마태복음 20장 1-16절의 포도원 비유의 주인공은 포도원의 주인이며 바로 하나님이십니다. 그래서 20장 1절은 "천국은 마치 품꾼을 얻어 포도원에 들여보내려고 이른 아침에 나간 집 주인과 같으니"라고 말씀합니다. 그리고 2절부터는 품꾼들에게 일을 시키고 품삯을 주는 내용이 소개되어 있습니다. 그러므로 이 비유의 주인공은 주인이요 하나님을 나타냅니다.

그리고 이 비유에는 다양한 일꾼들이 소개됩니다. 12시간 하루 종일 더위와 싸우면서 일한 일군도 있습니다. 겨우 한 시간밖에 일하지 않은 일군도 있습니다. 먼저 온자도 있고 나중에 온자도 있습니다. 그러나 일군을 올바르게 나누려면 주인에게 칭찬을 들은 일군과 칭찬이 아니라 책망을 들은 일군으로 나누어야 합니다.

그러므로 하나님께 인정을 받은 일군과 인정을 받지 못한 일군으로 나눌 수 있습니다. 그러면 무엇이 그들을 그렇게 나누게 되었습니까? 그것은 주인에게 인정받은 일군은 주인을 바로 알고 일을 하였기 때문입니다. 하지만 책망을 받은 일군은 주인을 바로 알지 못했습니다.

그러므로 우리가 하나님께 쓰임을 받고 하나님을 섬기려면 우리의 주인 되시는 하나님을 바로 알아야 합니다. 하나님을 바로 알아야 우리는 주님을 신실하게 잘 섬길 수 있습니다.

셋째로 우리는 순수한 동기로 주님을 섬겨야 합니다.

사랑이 많으신 주인은 한 시간 일한 일꾼에게도 하루의 품삯을 주었습니다. 그러나 열두 시간 일한 일군은 그것을 지켜보면서 잘못된 생각을 했습니다. 자신이 열두 시간 일을 하고도 12일 동안 일한 품삯을 받으려고 생각했던 것입니다. 그러나 자신이 생각한 대로 되지 않자 그만 피해의식에 사로잡혀 주인을 원망하고 있습니다. 그러므로 우리는 보상과 축복의 문제는 하나님께 맡겨두고 우리는 순수한 동기로 최선을 다해서 하나님을 섬겨야 합니다. 왜냐하면 우리가 섬기는 하나님은 너무나 신실하시고 정확하신 분이시기 때문에 우리가 일한 것은 반드시 보상해 주시는 분이시기 때문입니다.

그러므로 우리는 모든 것을 우리의 주인이신 하나님께 맡겨놓고 순수한 동기로 신실하게 봉사해야 합니다.

넷째로 우리는 감사한 태도로 하나님을 섬겨야 합니다.

사실 나중에 온 일군은 오늘은 자신이 일을 하지 못할 줄로 알고 있었는데 비록 한 시간이라도 일을 시켜준 것이 고맙고 감사해서 열심히 일을 했을 것입니다. 하지만 열두 시간 일한 일꾼은 감사하지 못하고 원망에 사로잡혀 있습니다. 결국 이 말씀은 주인에게 원망한 일군과 주인에게 감사한 일군으로 나누어집니다.

그러므로 우리도 하나님께서 써주시는 것이 고맙고 감사해서 감사한 태도로 주님을 섬겨야 합니다. 그러므로 진정한 섬김은 언제나 신실하게 끝까지 섬기는 것이며, 우리가 섬기는 대상인 하나님을 잘 알고 섬겨야 하며, 순수한 동기로 섬겨야 하며, 원망의 태도를 버리고 감사하는 태도로 섬겨야 합니다.

07. 그리스도인의 증거

수레바퀴의 삶에서 일곱 번째는 그리스도인의 증거 하는 생활입니다. 그러므로 우리의 생활 속에서 예수 그리스도를 증거 하는 삶이 자연스럽게 이루어져야 합니다. 우리가 증거 하는 삶을 살려면 무엇보다도 우리의 삶이 아름답게 변화되어야 합니다.

이 세상에서 가장 아름다운 사람은 누구입니까? 복음의 능력으로 자신의 삶이 아름답게 변화된 사람들입니다. 그들이 바로 복음의 좋은 소식을 전하는 사람들이며, 복음의 능력으로 세상을 변화시키는 사람들입니다. 그래서 성경은 이렇게 말씀하고 있습니다.

"기록된바 아름답도다 좋은 소식을 전하는 자들의 발이여, 좋은 소식을 전하며 평화를 공포하며 복된 좋은 소식을 가져오며 구원을 공포하며 시온을 향하여 이르기를 네 하나님이 통치하신다 하는 자의 산을 넘는 발이 어찌 그리 아름다운가"(롬 10:15, 사 52:7).

복음성가 가사도 이렇게 말하고 있습니다. "복음 들고 산을 넘는 자들의 발길 아름답고도 아름답도다. 평화전하며 복된 소식을 외치네. 주 다스리시네. 주 다스리시네. 주 다스리시네."

그러므로 우리가 복음을 전하려면 우리가 먼저 복음을 받아들여 우리의 삶이 아름답게 변화되어야 합니다. 그리고 우리가 전하는 복음은 우리의 아름다운 삶으로 뒷받침해야 합니다. 나 자신이 먼저 복음으로 삶이 변화되지 않았다면 어떻게 복음으로 세상을 변화시킬 수 있겠습니까? 그러므로 복음전도를 위한 최고의 주장은 우리의 기쁨이 넘치는 아름다운 삶입니다. 그러나 복음전도를 해치는 최대의 적은 그리스도인들의 변화가 없는 무미건조한 삶입니다.

우리는 하나님의 사랑을 받았기 때문에 삶이 아름답게 변화될 수 있습니다. 하나님은 우리가 아름답기 때문에 우리를 사랑하신 것이 아니라 우리가 부족하지만 하나님이 우리를 사랑해 주셔서 우리는 그 사랑으로 인하여 아름답게 변화될 수 있습니다. 누구나 하나님의 사랑을 받으면 삶이 아름답게 변화될 수 있습니다. 사실 아름다움이란 우리가 하나님의 성품을 닮아갈 때 가능해 집니다. 그리고 우리가 일상생활 속에서 하나님의 성품을 표현하고 나타낼 때 전도는 이루어집니다.

라이프스타일

우리 그리스도인은 복음을 통하여 자신을 아름답게 변화되어 자신의 아름다운 삶으로 전도해야 합니다. 전도라는 단어는 말로 전하는 것이지만 생활을 통하여 전하는 것도 포함되어 있습니다. 그러므로 전도자는 매일의 삶을 통하여 복음을 전하고 예수님을 반영해야 합니다. 예수님은 이 세상에 오셔서 우리의 죄를 십자가에서 용서하기 위해서 죽으신 후 사흘 만에 부활 하셔서 하늘나라로 가셨습니다. 그렇다면 이제 세상 사람들은 예수님을 볼 수 없습니까? 그렇지 않습니다. 이제는 예수님을 영접한 우리가 예수님을 보여 줄 수 있어야 합니다.

우리는 매일 그리스도와 동행함으로 그리스도의 인격을 나타내야 합니다. 그러므로 전도의 성패는 전도자의 라이프스타일에 달려 있습니다. 전도자가 매일의 삶에서 진실함과 헌신적인 섬김으로 불신자의 필요에 관심을 가지는 것이 필요합니다. 만약 전도자가 바르게 살지 못하면 "당신부터 바르게 사시오."라는 책망을 듣게 될 수도 있습니다.

국민일보의 임한창 기자는 이렇게 말합니다.

"퇴근 길 어느 지하철 역 지하상가에서 있었던 일입니다. 만추의 고추바람이 매섭기만 합니다. 시민들은 주머니에 손을 꽂은 채 모두 총총걸음입니다. '예수천당 불신지옥'이라는 어깨띠를 두른 중년의 남성이 매우 탁한 목소리로 노방전도를 하고 있었습니다. 전도자는 입에서 침을 튀겨가며 맹렬한 기세로 천국과 지옥을 설명합니다. 통로를 가로막고 서있는 전도자의 태도는 당당하다 못해 거만스러웠습니다. 전도자는 점점 용감해졌습니다. 경제위기로 가뜩이나 풀죽은 서민들을 향해 '어깨띠 전도자'는 저주 섞은 메시지를 퍼붓기 시작했습니다.

"하루살이 인생, 유황불 심판"

이러한 말에 서민들은 몸을 더욱 움츠렸습니다. 곧 한 바탕 격전이 벌어질 것 같다는 예감이 들었습니다. 전도자가 서있는 곳은 분명히 통행에 방해가 되는 곳이었기 때문입니다. 아니다 다를까 한 신사가 전도자에게 다가가 고성과 통행방해를 지적했습니다. 전도자는 돌연 사나온 표정을 지으며 욕설과 저주의 융단폭격을 퍼부었습니다.

"복음선하는 일을 방해하는 놈은 사탄이다."

신사는 당혹스런 표정을 지었습니다. 그러나 곧 정신을 수습해 점잖게 한마디를 던지고는 군중 속으로 빨려 들어갔습니다.

"통행에 방해하지 마시오. 그리고 당신부터 바르게 사시오."

부끄러웠습니다. 불신자 같은 신자와 신자 같은 불신자를 보며 얼굴이 화끈거렸습니다. 어깨띠 전도자는 맹수였습니다. 그는 출퇴근길의 서민들과 자주 충돌했습니다. 베드로전서 5장 8절의 말씀처럼, 그는 흡사 우는 사자같이 두루 다니며 삼킬 자를 찾고 있었습니다. 이런 식의 전도는 정말 곤란합니다. 전도는 말꾼이 아니라 아름다운 삶을 통하여 전하는 일군에 의해 열매를 맺습니다. 불신자들은 말합니다.

"예수 믿는 사람 치고 말 못하는 사람 없다."

신앙생활을 하다보면 하나님과의 기도문이 터져 말을 잘하는 것은 당연합니다. 그러나 문제는 실천이 없는 '입술의 향연'에 그치고 만다는 것입니다. 인격과 사랑이 동반되지 않은 전도는 비웃음을 당합니다. 그리스도인의 삶의 모습은 영화의 예고편입니다. 살아있는 전도지가 되는 것입니다. 사람들은 말보다 삶을 보고 신앙을 결심합니다.

생활전도훈련원장 이왕복 목사의 '접선파소간초' 전도법은 그리스도인의 친절과 배려가 전도에 얼마나 큰 영향을 미치는가를 잘 보여주고 있습니다. 접선파소간초란 '접촉점 – 선물 – 파악 – 소망 – 간증 – 초청'의 줄임말입니다. 그 내용이 매우 구체적이고 세밀해 소개합니다. 한 사람을 전도하기 위해 맨 먼저 양서를 선물해 접촉점을 갖습니다. 그리고 책을 찾으러 가면서 김치를 선물합니다. 빈 그릇을 찾으러 갈 때는 밑반찬이나 약간의 과일을 주며 말을 건네는 것입니다. 이때 상대의 문제를 파악합니다. 간단한 음식을 전해주며 문제에 대한 소망을 줍니다. 자신의 삶을 간증하며 복음을 전합니다. 부부를 집으로 초청해 즐거운 대화를 갖고 절기에 맞춰 교회로 인도합니다.

이런 과정을 거치면 틀림없이 전도에 성공한다는 것입니다. 물고기를 잡는 낚시꾼들에게도 인내가 필요합니다. 하물며 사람 낚는 어부는 오죽하겠습니까? 어깨띠 전도자들은 다음 말에 귀를 기울여야합니다.

"당신부터 바르게 사시오."

하나님의 사랑을 나타냄

"새 계명을 너희에게 주노니 서로 사랑하라 내가 너희를 사랑한 것같이 너희도 서로 사랑하라 너희가 서로 사랑하면 이로써 모든 사람이 너희가 내 제자인줄 알리라"(요 13:34-35)

우리가 사랑을 실천할 때 그리스도는 다른 사람들에게 우리를 통해서 나타나시는 것입니다. 우리가 사랑을 실천할 때 다른 사람들은 우리를 통하여 그리스도를 발견하는 것입니다. 기독교의 핵심은 사랑이며, 성경의 핵심도 사랑입니다. 성령의 열매도 첫째가 사랑입니다. 하나님은 인간을 사랑을 위해서 창조 하셨습니다. 우리는 눈에 보이지 않는 하나님을 어떻게 사랑할 수 있겠습니까? 그것은 눈에 보이는 사람들을 사랑하는 것입니다. 사랑이란 무엇입니까? 사랑이란 상대의 필요를 채워주는 것입니다. 그래서 성경은 이렇게 말씀하고 있습니다. "내가 진실로 너희에게 이르노니 너희가 여기 내 형제 중에 지극히 작은 자 하나에게 한 것이 곧 내게 한 것이니라"(마 25:40)

이 말씀의 결론은 이렇습니다. 우리가 예수님의 이름으로 사람들을 사랑하는 것이 바로 하나님을 사랑하는 것이라는 것입니다. 그러므로 우리가 그리스도의 사랑을 가지고 상대방의 필요를 채워주지 않는다면 그리스도를 사랑할 수 없습니다.

그러므로 우리는 먼저 복음을 통하여 그리스도의 사랑을 깨닫고 그 다음에는 그 사랑을 다른 사람들에게 실천해야 합니다. 이것이 우리를 향한 하나님의 뜻입니다. 우리 인생의 목적이 무엇입니까? 그것은 그리스도의 사랑을 통하여 다른 사람들의 필요를 충족시키는 것입니다. 성경이 말하는 아가페의 사랑은 행동하는 사랑입니다. 예수님은 십자가에서 우리를 위하여 죽으심으로 우리의 필요를 채워 주셨습니다. 사랑이란 상대방의 최상의 행복을 위하여 필요를 채워주는 것입니다.

그래서 조셉 알드리치는 행동하는 사랑을 이렇게 제시했습니다.

"사랑은 행동하는 것입니다. 즉 설거지를 한다든가, 부엌일을 한다든가, 청소를 하는 행동입니다. 로맨틱한 것이 아니라 현실적이고 관찰할 수 있는 것입니다. '나는 당신이 나에게 귀를 기울이거나 나와 시간을 함께 보낼 때, 사랑 받는 것을 느낀다.' 사람들은 이와 같은 말로 사랑의 체험적인 정의를 이야기하기도 합니다.

"너희가 서로 사랑하면 이로써 모든 사람이 너희가 내 제자인줄 알리라"(요 13:35) 주님은 이처럼 말씀하셨습니다. 그러면 그리스도의 말씀에서 나타나는 몇 가지의 중요한 원칙을 보기로 합시다.

첫째로 사랑은 내면적인 '따스한 행복감' 이상의 것입니다. 그것은 사람들 사이에 일어나는 만질 수 있고 볼 수 있는 현상입니다. 사랑이 행동할 때 그것은 다른 사람들에게 보이고, 느껴지며, 경험될 수 있습니다.

둘째로 사랑은 체험될 때 불신자의 마음을 그리스도와 연결시켜 줍니다. '너희가 사랑하면 이로써 모든 사람이 너희가 내 제자인 줄 알리라' 진정한 사랑의 관계는 불신자의 관심을 그리스도에게로 향하도록 합니다. 그것이 불신자를 복음에 대한 부정적인 태도에서 긍정적인 태도로 바꾸는 열쇠입니다. 하나님의 성령이 살아있는 편지를 쓰실 때 성장하고, 사랑하는 관계는 결과로 나타납니다. 불신자가 그러한 편지를 읽을 때 그는 저자이신 하나님을 인정하게 되는 것입니다.

셋째로 사랑은 그리스도인들이 택할 수도 있고, 피할 수도 있습니다. 즉 그리스도를 믿는 사람에게는 누구나 보장된 태도가 아니라는 것입니다. 만일 사랑하면 모든 사람이 그것을 알게 됩니다. 신약의 저자들은 사랑의 필요성을 몇 번이고 강조하며 권면하고 있습니다. 우리는 사랑을 표현하는 실제적인 방법들을 가지고 있어야 합니다. 우리는 전도의 효과를 맺기 위하여 사랑하고 돌아보는 사람이 되어야 합니다."

전도자의 행복이 어디에 있습니까? 우리가 손을 뻗쳐서 다른 사람의 필요를 채워줄 때, 우리는 진정 행복을 경험하게 됩니다.

다음은 오스카 톰슨을 만나 사랑의 진정한 의미를 깨닫고 브렌다가 고백한 내용입니다.

"오스카 박사님, 나는 과거에 나 중심의 삶을 추구했습니다. 나는 세상에서 나의 지위를 얻으려고 안간힘을 썼으며, 그리고 친구들 간에도 늘 갈등을 느꼈습니다. 나는, 사랑이 외부로 흘러갈 때, 다른 사람들의 필요 뿐 아니라, 나의 것도 충족됨을 알았습니다."

오스카 톰슨은 고독의 해결책을 이렇게 말하고 있습니다.

"당신은 고독을 느끼십니까? 당신은, 아무도 당신에게 관심을 표하지 않으며, 아무도 당신을 사랑하지 않는다고 생각하십니까? 당신은 우울증에 걸려 있습니까? 처방을 해드리겠습니다. 당신에게 가까이 허락한 인간관계 안으로 뛰어 들어가서, 다른 사람의 필요를 채워 주십시오. 이제 당신은 가서 다른 사람을 사랑하십시오. 나는, 이 세상에서 가장 행복한 사람들은 하나님의 사랑의 통로가 되는 분들이란 사실을 발견했습니다. 사랑은 필요를 채워주는 것입니다. 사랑은 감정의 표현도 아니요, 느낌의 말도 아니며, 오히려 사랑은 지성적인 언어요, 의지나 뜻의 구사요, 행동적 묘사이며, 사랑은 행함입니다. 사랑은 관계들을 수립하고, 사랑은 관계들을 유지하며, 사랑은 관계들을 성취하며, 사랑은 관계들을 주도합니다. 사랑은 필요를 충족케 하는 것입니다."

진정한 소망을 나타냄

"너희 마음에 그리스도를 주로 삼아 거룩하게 하고 너희 속에 있는 소망에 관한 이유를 묻는 자에게는 대답할 것을 항상 준비하되 온유와 두려움으로 하고"(벧전 3:15)

기독교의 소망은 무엇입니까? 소망과 비슷한 말이 소원이 있는데 소원과 소망이 어떻게 다릅니까? 이 둘은 비슷하지만 끝이 다릅니다. 소원은 끝에 가서 이루어질 수도 있고 이루어지지 않을 수도 있지만 그리스도인의 소망은 다릅니다. 소망은 끝에 가서 반드시 이루어지는 것입니다. 그리스도인이 가는 천국소망, 그리스도인에게 반드시 이루어지는 부활소망이 그리스도인의 진정한 소망입니다. 또한 소망은 그 결과를 하나님이 보장합니다. 또한 소망은 하나님이 있다고 약속한 것입니다.

"천국이 있다."
"그리스도인에게 부활이 있다."

이렇게 말한 것은 인간이 만들어낸 것이 아닙니다. 하나님이 있다고 약속한 것입니다. 그러므로 하나님이 보장하시고 반드시 이루어지는 것이 소망입니다. 분명히 성경에는 믿는 자에게는 천국이 약속되어 있고 부활이 약속되어 있습니다. 분명히 천국은 갈 수도 있고 못 갈 수도 있는 것이 아니라 믿으면 반드시 갑니다. 하나님께서 철저하게 보장해 주십니다.

조셉 알드리치는 기독교의 소망을 이렇게 제시하고 있습니다.

"소망은 절망으로 가득 찬 세상에 사는 불신자들의 주목을 끄는 또 하나의 거룩한 선전입니다. 하나님의 자녀들은 세상의 염세주의가 소망의 유산을 해치도록 허락해서는 안 됩니다. 그리스도인과 불신자들은 인생의 슬픔과 아픔을 함께 나눕니다.

그러나 그리스도인들은 소망이 없는 불신자들과 같은 슬픔을 갖고 있지 않습니다. 그리스도인들이 소망을 가지고 긍정적으로 인생의 고통을 대하는 것을 보면 불신자들은 무엇이 그와 같은 태도를 갖게 하는가에 관해 알고 싶어 하게 됩니다.

베드로는 불신자가 당신에게 당신의 소망에 관한 이유를 묻게 될 것이라고 말하였습니다. 베드로가 여기서 강조하는 바는 소망이 불신자들에게 관찰될 수 있도록 불신자와 교제하고 관계해야 하는 데 대한 필요성입니다. 희망이 없이 절망적인 상황에서는 소망이 가장 큰 힘이 됩니다. 그렇다고 소망이 단순히 어려운 환경에서의 일시적인 반응에 불과하다는 말이 아닙니다. 소망은 전 생애를 통한 지속적이고 확고한 태도입니다. 성경적 신학은 염세주의적 태도가 하나님의 자녀의 삶을 움직일 수 없음을 명백히 가르쳐줍니다.

세상에 파송되는 그리스도인은 희망에 차 있고 낙천적인 그리스도인이 되어야 합니다. 소망의 매력은 그것을 갈구하고 있는 불신자에게 매우 귀가 솔깃할 것입니다. 그리고 그도 역시 소망으로 가득한 이유를 발견할 수 있게 될 것입니다. 복음을 아름다운 삶으로 전하는 것은 복음이라는 악기를 가지고 음악으로 연주하는 것과 같습니다. 음악이 없이 복음을 언어로만 전달하려는 것은 복음의 능력을 크게 약화시킵니다. 그러나 성경은 이 두 가지를 변행하고 있습니다. 베드로는 영적 문제에 무관심한 남편을 가진 아내에게 말을 그치고 음악을 연주하라고 격려함으로써(벧전 3장) 음악의 능력을 강조하였습니다.

구원받은 사람의 변화된 생활은 영적인 면에 무관심한 사람들을 인도하는 전략입니다. 베드로는 아내들에게 내면의 아름다움을 계발하여 남편을 변화시키는 적극적인 힘으로 사용하도록 권면함으로 아름다움의 힘을 강조하였습니다."

그리스도의 빛을 나타냄

"너희는 세상의 소금이니 소금이 만일 그 맛을 잃으면 무엇으로 짜게 하리요 후에는 아무 쓸 데 없어 다만 밖에 버려져 사람에게 밟힐 뿐이니라 너희는 세상의 빛이라 산 위에 있는 동네가 숨겨지지 못할 것이요 사람이 등불을 켜서 말 아래에 두지 아니하고 등경 위에 두나니 이러므로 집 안 모든 사람에게 비치느니라 이같이 너희 빛이 사람 앞에 비치게 하여 그들로 너희 착한 행실을 보고 하늘에 계신 너희 아버지께 영광을 돌리게 하라, 너희가 전에는 어둠이더니 이제는 주 안에서 빛이라 빛의 자녀들처럼 행하라, 너희는 다 빛의 아들이요 낮의 아들이라 우리가 밤이나 어둠에 속하지 아니하나니, 우리는 그가 만드신 바라 그리스도 예수 안에서 선한 일을 위하여 지으심을 받은 자니 이 일은 하나님이 전에 예비하사 우리로 그 가운데서 행하게 하려 하심이니라, 너희가 이방인 중에서 행실을 선하게 가져 너희를 악행한다고 비방하는 자들로 하여금 너희 선한 일을 보고 오시는 날에 하나님께 영광을 돌리게 하려 함이라"(마 5:13-16, 엡 5:8, 살전 5:5, 엡 2:10, 벧전 2:12).

사람이 등불을 켜는 이유가 무엇입니까? 등불을 켰으면 높이 들어 올려서 집안 모든 사람에게 비춰어야 합니다. 우리도 세상의 등불입니다. 그러므로 우리는 세상 사람들에게 빛으로 나타나야 합니다.

어떻게 하면 빛을 발할 수 있습니까? 그것은 사람들에게 선행을 실천하는 것입니다. 그 때 불신자들은 우리의 착한 행실을 통하여 복음을 발견하고 믿어 하나님께 영광을 돌리게 됩니다. 그러므로 선행은 전도의 강력한 도구가 됩니다. 주위 환경에서 사람들을 돕고, 격려하고, 희생적인 봉사활동은 불신자에게 중요한 선전이 됩니다.

우리는 바로 선행을 통하여 상대방의 필요를 채워야 합니다. 우리는 선행을 위하여 창조된 사람들입니다. 우리가 소유한 진정한 믿음은 선행으로 나타나야 합니다.

조셉 알드리치는 선행과 좋은 소식을 이렇게 연결시켜 제시하고 있습니다.

"우리는 생활의 행동을 통하여 사랑의 실제적인 표현을 찾아야 합니다. 우리가 그렇게 할 때 복음은 행동으로 옮겨집니다. 술주정뱅이가 사랑을 받아 술의 지옥에서 빠져 나올 때 복음은 비로소 좋은 소식이 되는 것입니다. 또한 간음하는 남편이 그의 아내와 가족에게로 돌아올 때 좋은 소식이 됩니다. 그리고 그리스도인들이 고아들을 입양하며 버려지고 소망 없는 사람들을 돌아볼 때 복음이 좋은 소식이 되는 것입니다. 신자들이 인간의 고통과 상처를 치료할 때 복음은 거룩한 음악이 되는 것입니다.

성령은 그리스도인과 불신자의 사회에 하나님의 사랑의 통로가 되도록 우리들 각자에게 재능을 주셨습니다. 아내의 요리 솜씨는 많은 불신자들에게 하나님의 사랑을 보여주는 통로가 되어 그리스도께로 돌아오도록 돕고 있습니다. 또한 하나님은 이웃을 그리스도께 인도하기 위하여 망치와 톱 다루는 남편의 손재주를 사용하시기도 합니다."

교회는 그리스도의 몸으로 이 세상에 존재합니다. 그러므로 교회는 주님의 영광과 주님의 향기를 나타내어야 할 책임과 의무가 있습니다. 교회는 주님의 신부로서 존재합니다. 그러므로 교회는 정결하고 아름다워야 합니다. 교회는 향기를 발하고 아름다워야 합니다.

사람들이 교회에 오지 않는 이유를 생각해 보십시오. 요즘은 기독교를 모르는 사람이 없습니다. 그런데 왜 사람들이 교회에 나오지 않습니까? 우리는 이 사실에 대하여서 문제점이 무엇인지 분석해 볼 필요가 있습니다. 하나님께 대하여, 교회에 대하여, 그리스도께 대하여 들은 바도 있고, 권유도 받았는데, 왜 사람들이 믿지 않습니까? 믿지 않는 사람들을 살펴보면 대체로 다음과 같은 이유가 있습니다.

① 이미 다른 종교를 갖고 있기 때문입니다.
② 종교에 대하여 관심이 없기 때문입니다.
③ 집안 식구들이 다른 종교를 믿기 때문입니다.
④ 기독교에 대하여 거부감을 갖고 있기 때문입니다.
⑤ 믿음에 대하여 좋게 생각하고 있지만 그리스도인들에게 실망을 했기 때문입니다.

기독교에 대하여 잘 알고 있으면서도 믿지 않는 사람들을 보면서 우리가 반성해야 할 것은 무엇입니까? 물론 불신자들의 말을 100% 다 수용할 수는 없지만 그러나 문제점을 불신자들의 입장에서가 아니라,

우리들의 입장에서 반성해 볼 필요가 있습니다. 그들이 왜 하나님을 믿지 않고, 또는 관심을 갖지 않고, 심지어는 거부감을 갖고 있으며, 심한 경우에는 적대감까지 갖습니까? 전도를 받고, 듣기까지는 했는데 왜 어떤 사람들은 응답이 없습니까? 어떤 사람은 거부감을 일으키고, 어떤 사람은 실망감을 보이고 있습니까?

우리는 여기서 문제를 믿지 않는 사람들에게서 찾지 말고, 복음을 전하는 우리에게서 찾아보아야 합니다.

마태복음 5장 13-16절은 우리가 아주 잘 알고 있는 내용입니다. 우리 그리스도인들은 세상의 소금이며, 세상의 빛이 됩니다. 소금은 맛을 내고, 빛은 주위를 밝게 비추는 능력이 있습니다. 소금이 맛을 낸다고 하는 것, 빛이 어둠을 밝힌다고 하는 것은 그 존재 목적이 분명히 있다는 것입니다.

그런데 예수님은 이 비유에서 맛을 잃은 소금과 빛을 잃은 빛에 대해서 언급하고 있습니다. 다시 말하면 소금이 소금 구실을 하지 못하고, 빛이 빛의 구실을 하지 못하면, 존재 의미가 없습니다. 반대로 소금이 맛을 내고, 빛이 빛을 발하면 분명히 그 역할을 잘하는 것입니다. 주님은 우리들에게 지금 소금의 맛을 내고 빛을 비추라고 말씀하십니다.

하지만 초대교회를 살펴보십시오. 초대교회 공동체가 매우 매력적이기 때문에 사람이 찾아와서 전도가 된 것을 볼 수 있습니다. 성경은 이렇게 말씀하고 있다. "하나님을 찬미하며 또 온 백성에게 칭송을 받으니 주께서 구원받는 사람을 날마다 더하게 하시니라"(행 2:47)

사도행전에 나타난 초대교회의 생활을 보면 세 가지 눈길을 끄는 말이 있습니다.

첫째로 모든 사람들이 한 마음이 되었습니다.

둘째로 서로 서로가 자발적으로 도왔습니다.

셋째로 분위기가 항상 밝고 기쁘고 순수했습니다.

분위기가 좋으니 계속 선전하지 않아도 사람들이 재발로 교회에 걸어 들어왔습니다. 초대교회 성도들이 온 백성에게 칭송을 받으니 주께서 구원받는 사람을 날마다 더하게 했습니다. 그러므로 참다운 전도의 비결은 먼저 빛을 발하는 교회가 되어야 합니다. 매력 있는 교회가 되어야 합니다. 사람들이 찾아오고 싶은 교회를 만들어야 합니다. 우리 자신의 아름다운 모습과 착한 행실을 통한 전도가 훨씬 더 힘이 있습니다.

우리가 전도를 해보면 예수님은 좋은 분이고, 천국에는 가고 싶지만 예수 믿는 사람들이 보기 싫어서 교회 나가기 싫다고 말하는 사람들이 있습니다. 예수 믿는 사람이 다른 사람에게 손해를 입히고, 독선적이고, 위선적이고, 이기적이고, 배타적인 모습을 보여 주니까 교회에 대하여 실망하고 심지어 분노까지 하며 거부감을 갖습니다. 그러므로 우리는 변화된 삶으로 전도해야 합니다.

그리스도의 편지로서 읽혀짐

성경은 이렇게 말씀하고 있습니다. "너희가 우리의 편지라 우리 마음에 썼고 뭇 사람이 알고 읽는 바라 너희는 우리로 말미암아 나타난 그리스도의 편지니 이는 먹으로 쓴 것이 아니요 오직 살아 계신 하나님의 영으로 쓴 것이며 또 돌판에 쓴 것이 아니요 오직 육의 마음판에

쓴 것이라"(고후 3:2-3)

세상 사람들은 성경에 나타나 있는 하나님의 사랑을 읽지 않습니다. 그들은 우리의 생활과 그리스도인들과의 관계 속에서 나타나는 하나님의 사랑을 읽고 있습니다. 우리는 원하든지, 원하지 않든지 살아있는 편지로서 읽혀지고 있습니다. 우리는 문자 그대로 세상 사람들을 위하여 성경을 보여주는 사람들입니다.

하나님은 사람들에게 기록된 말씀과 살아 있는 편지인 우리를 통하여 말씀하고 있습니다. 그렇다면 우리의 삶은 어떠합니까? 과연 불신자들이 읽고 그리스도의 복음을 발견할 수 있습니까? 그러므로 우리는 관심을 나타내야 합니다. 우리는 사람들에게 순수한 관심을 보여야 합니다. 그러나 이것은 쉽지 않습니다. 왜냐하면 인간은 누구나 자기 자신에게 관심이 있기 때문입니다.

당신은 여러 사람과 함께 찍은 사진을 볼 때 가장 먼저 누구의 얼굴을 찾습니까? 이처럼 우리는 자기 자신에게 관심이 있지 다른 사람을 생각하지 못할 때가 많습니다. 그러므로 우리가 불신자들을 위해서 자신의 시간과 노력을 아낌없이 바치며 진심으로 관심을 표현하면 아무리 바쁜 사람이라도 주의를 기울여주고, 시간도 내주며, 복음을 전해주어야 합니다. 왜냐하면 인간은 자신에게 관심을 보여주는 사람에게 관심을 갖기 때문입니다.

서로 아름다운 관계를 맺음

우리는 관계 맺기 전도를 실천해야 합니다. 우리 자신을 생각해 보십시오. 우리가 어떤 전도 방법을 통해서 하나님께 돌아오게 되었습니까? 우리 그리스도인들 중 90%는 관계 맺기 전도를 통해서 믿게 되었습니다. 그러므로 관계 맺기 전도가 가장 효과적입니다. 전도자는 사람들과 관계를 맺기 위해서 상대방에게서 접촉점을 찾아야 합니다.

사람들과 관계를 수립할 수 있는 최선의 시기는 그들이 즐거워할 때 함께 즐거워하고, 어려울 때에 그들과 함께 있어 주는 것입니다. 접촉이란 상대방에게 복음을 전하기 위해서 사람들을 만나는 것입니다. 예수님은 사람들을 만나기 위해서 하늘나라에서 이 세상에 오셨습니다. 그분은 죄인을 하나님과 화해시키기 위해서 오셨습니다(고후 5:18-20). 그러므로 관계 맺기 전도가 가장 탁월한 전도 방법입니다.

전도폭발의 창시자 제임스 케네디 목사는 관계 맺기 전도에 대하여 이렇게 말하고 있습니다.

"예수님은 아주 일상적인 일들을 통해서 사람들을 자기에게로 이끌어 그들로 하여금 영생을 얻게 하셨습니다. 우물가에서 주님은 자기 자신을 가리켜 다시는 목마르지 아니할 생수로 언급하셨습니다. 주린 자들에게는 자신을 생명의 떡으로 나타내셨습니다. 저는 자들과 병든 자들에게는 자신을 온전케 하시는 자로 나타내셨습니다. 예수님은 우리가 이 세상에서 살아가는 동안 수많은 사람들과 여러 가지 인간관계를 맺게 해주셨습니다. 그리고 인간관계를 발전시키고 또한 즐길 수 있도록 해주셨습니다.

우리는 이러한 인간관계 안에서부터 전도의 기회를 찾을 수 있습니다. 관계중심 전도는 우리가 이미 맺고 있는 기존의 인간관계와 또한 앞으로 맺게 될 새로운 인간관계를 복음 전도의 통로로 사용하는 것입니다. 하나님은 예수님 안에서 우리가 그분과 올바른 관계를 회복하는 데에 필요한 모든 것을 다 주셨습니다. 사람들은 각자가 인간관계의 핵심을 이루고 있습니다.

우리 자신을 생각해 보십시오. 우리는 우리 자신의 가족 안에 태어나서 부모와, 형제자매와, 할머니와 할아버지, 삼촌과 고모, 사촌들과 조카들, 그리고 그 밖의 일가친척과 관계를 맺게 됩니다. 우리가 결혼을 하고 나면 이 관계의 범위가 넓어집니다. 결혼을 통해서 우리는 남편과 아내의 관계를 맺고 후에는 아들, 딸들과 관계를 맺고 세월이 더 지나면 손자 손녀들과 관계를 맺게 됩니다. 결혼을 통해서 우리는 또한 배우자의 가족과도 관계를 맺게 됩니다. 그렇게 되면 처가나 시댁의 모든 식구들과도 관계를 맺게 됩니다.

우리는 일상생활을 하는 중에 이러한 일가친척들을 한 사람 한 사람 만나게 될 때마다 복음을 전할 수 있습니다. 하나님께서 예수님 안에서 그들을 사랑하신 다는 사실을 알려 주어야 합니다. 우리는 직장에서도 여러 사람들과 관계를 맺게 됩니다. 직장에는 고용주와 고용인의 관계가 있습니다. 또한 수많은 동료들 간의 관계도 있습니다. 이들 중에는 우리에게 복음을 들어야 할 사람이 반드시 있습니다.

우리가 살 곳을 정할 때에도 우리의 집은 주변의 이웃들과 관계를 맺게 해줍니다. 우리는 또한 여러 해 동안 주변 사람들과 접촉을 하는 과정에서 특별한 친구들을 사귀게 됩니다. 하루하루를 지내다 보면 의사나, 우체부나, 짐 나르는 사람이나, 가게 점원 등 수많은 사람들을 만나게 됩니다. 이들 중에는 우리의 전도를 통해서 영생의 선물을 받게 될 사람들이 있습니다.

예수님은 인간의 몸을 입으시고 이 세상에 오셨을 때 그분은 우리가 맺고 있는 대부분의 인간관계를 맺으셨습니다. 그분의 어머니는 마리아였습니다. 그분의 호적상의 아버지는 요셉이었습니다. 그분에게는 형제자매와 삼촌들과 사촌들이 있었습니다. 그분은 나사렛에서 목수의 직업을 갖고 일하셨습니다. 그분도 역시 인간관계를 확대시켜 나아가셨습니다. 그분은 자기 가족들을 사랑하셨습니다. 십자가에 달려 돌아가시는 순간에도 그분은 자기의 특별한 친구 요한에게 그분의 어머니를 돌보아 드리도록 부탁하셨습니다. 이 세상의 가족과 친구들을 사랑하신 예수님은 그들을 하늘나라의 영원한 하나님의 가족 안에 들어오게 하시는 일에 가장 큰 관심을 갖고 계셨습니다.

하나님은 우리의 인간관계를 복음 전도의 다리로 사용하여 우리와 가까운 사람들을 그의 영원한 가족 안에 들어오게 하시기를 원하십니다. 우리는 세상의 소금이요 또한 세상의 빛입니다. 소금은 부패를 막아 주고, 소금은 맛을 더해 주고, 소금은 갈증을 일으킵니다.

빛은 사람들이 자기의 가는 길을 보는 데에 도움을 줍니다. 하나님은 우리의 삶을 통하여 다른 사람들에게 길을 보여 주고, 사람들이 그를 갈망하게 하고, 삶에 맛을 더해 주고 세상에 있는 죄의 부패를 막아 주기를 원하십니다."

관계 맺기 전도의 능력

조셉 알드리치는 관계 맺기 전도가 효과적인 이유를 이렇게 제시하고 있습니다.

"관계 맺기 전도는 많은 성경 지식을 필요로 하지 않습니다. 전도자가 올바른 사람이 되면 성경을 많이 몰라도 탁월하게 전도할 수 있습니다. 관계 맺기 전도는 낯선 사람이 아닌 낯익은 사람들에게 복음을 전하는 진정한 의미의 개인 전도입니다.

관계 맺기 전도는 단지 전도의 은사만이 아닌 모든 은사들을 사용하여 효과적으로 전도할 수 있습니다. 그리스도인은 자신의 돕는 은사를 사용하여 전도할 수 있습니다. 어떤 사람이 어려운 일을 당했다고 생각해 보십시오. 그때 그리스도인이 음식을 정성껏 만들어준다면 그 사람은 마음을 열 것입니다.

또한 그리스도인이 지혜의 은사를 사용하여 친구의 문제에 귀를 기울이고 충고해 줌으로써 전도할 수도 있습니다. 또한 친절을 베푸는 은사를 사용하여 도와줄 때 폭발적인 전도의 능력을 갖게 됩니다.

관계 맺기 전도는 그리스도인들을 불필요한 부담에서 자유롭게 해 줍니다. 하나님은 전도자를 부르신 주된 사명은 전도하게 하는 것입니다. 관계 맺기 전도의 전략은 꾸준히 일하는 것입니다. 관계 맺기 전도는 좋은 환경을 만들어 복음을 의미 있게 받아드리게 합니다. 사실 복음의 내용은 복음이 전해질 수 있는 좋은 환경 속에서 더 효과적으로 전달됩니다. 관계 맺기 전도는 그리스도인에게 복음의 말씀을 나눌 수 있는 자연스러운 기회를 만들어 줍니다. 그리스도인의 아름다운 성품은 불신자들을 십자가로 가까이 인도할 수 있습니다.

만일 당신의 성품이 그들에게 좋은 영향을 끼친다면 그들은 당신의 소망에 대한 이유를 물어올 것입니다.

관계 맺기 전도는 불신자가 그리스도를 믿기 전에 이미 양육의 모형을 세울 수 있습니다. 당신이 이웃의 여러 모임들에 사회적으로 참여할 때 이웃들과의 관계가 더 가까워집니다. 죄인들은 이러한 관계를 통하여 그리스도께로 나오는 것입니다. 어떤 불신자가 그리스도인과 친근한 관계를 맺으면 복음이 전해질 때 이미 맺어진 관계로 인해 그 복음은 쉽게 받아들여질 수 있습니다. 그리고 친구에 의하여 양육되어지게 됩니다. 이것이 신약에서 나타나는 전도의 방식입니다."

인간관계의 다리를 놓음

사도 요한은 전도의 이유를 진실한 인간관계를 맺기 위함이라고 설명하고 있습니다.

"태초부터 있는 생명의 말씀에 관하여는 우리가 들은 바요 눈으로 본 바요 자세히 보고 우리의 손으로 만진 바라 이 생명이 나타내신 바 된지라 이 영원한 생명을 우리가 보았고 증언하여 너희에게 전하노니 이는 아버지와 함께 계시다가 우리에게 나타내신 바 된 이시니라 우리가 보고 들은 바를 너희에게도 전함은 너희로 우리와 사귐이 있게 하려 함이니 우리의 사귐은 아버지와 그의 아들 예수 그리스도와 더불어 누림이라 우리가 이것을 씀은 우리의 기쁨이 충만하게 하려 함이라"(요일 1:1-4)

그러므로 우리는 진정한 사귐을 위해서 전도해야 합니다. 먼저 사람들에게 다리를 놓기 위하여 전도 대상자가 기쁜 일이 있을 때 그들을 찾아가야 합니다. 가장 기쁠 때는 그들이 아기를 출생했을 때이며, 이러한 상황에서 그들에게 관심을 나타내야 합니다. 그들을 찾아가서 아기를 바라보고 매우 예쁘다고 이야기 해 주어야 합니다. 그리고 전도 대상자들이 생일을 맞이하면 그들에게 생일 축하 카드를 보내면서 그들과 다리를 놓을 수 있습니다.

그러나 전도 대상자들에게 어려움이 닥쳐올 때도 그들과 다리를 놓을 수 있는 절호의 기회입니다. 특별히 그들이 병원에 입원해 있을 때 병원을 방문할 수 있습니다. 전도 대상자가 사랑하는 사람을 잃었을 때 그들에게 접근하여 그들을 위로하며 그들과 다리를 연결할 수 있습니다. 어떤 경우에는 그들에게 한마디의 말도 하지 않고 그냥 거기 함께 있어만 주는 것으로도 충분합니다. 또한 경제적 파탄, 실직, 결혼의 위기, 자녀들과의 갈등이 있을 때에 찾아가면 관계의 다리를 놓을 수 있습니다. 관계의 다리를 놓는 것은 계속적인 과정이며, 전도자의 생활양식의 일부가 되어야 합니다. 우리가 하나님께 가까이 가면 갈수록 우리는 더욱더 사람들을 접근할 수 있습니다.

전도에 있어서 인간관계가 매우 중요하지만 많은 그리스도인들은 믿지 않는 사람들과 의미 있는 접촉을 하지 않고 있습니다. 뿐만 아니라 전도하는 자세로 사람들과 사귈 능력도 없습니다. 의미 있는 접촉을 방해하는 이유는 너무나 바쁜 세상 속에 살고 있기 때문입니다. 일과 여러 가지 사건 속에서 그리스도인들은 시간을 내지 못하고 있습니다. 그러므로 이렇게 바쁜 생활 속에서 의미 있는 인간관계를 맺는 것은 불가능해 집니다. 우리 그리스도인들은 주님을 영접하고 시간이 지나면 불신자들과 의미 있는 관계가 없어집니다.

대부분 구원받고 교회에 나오면 새로운 교제권이 형성됩니다. 그 결과 자신도 모르는 사이에 불신자들로부터 멀어집니다. 그래서 조셉 알드리치도 그 사실을 이렇게 지적하고 있습니다.

"때로는 성장을 위하여 과거의 친구들로부터 구별되는 것이 필요할 수도 있습니다. 그러나 대부분의 경우는 세상과 구별되는 것에 대한 성경의 가르침을 잘못 이해하기 때문에 세상 사람들로부터 멀어집니다. 우리는 종종 불신자들을 원수 마귀의 희생자들로 보기보다는 그들을 원수로 생각합니다. 또한 영적인 능력은 구원받지 못한 자들로부터의 분리라고 생각하기도 합니다. 초신자들에게 이제 그들은 그의 옛 친구들과는 아무 공통점이 없다고 이야기합니다.

그러나 솔직히 우리는 불신자들과 많은 공통점을 갖고 있는 것이 사실입니다. 집세, 버릇없는 아이들, 집수리할 일, 차 닦는 일, 삐거덕거리는 부부생활, 나온 배, 스포츠에 대한 관심, 여러 가지 취미 등 갖가지 공통점을 갖고 있습니다. 이런 관점에서 볼 때 예수님이 죄인들의 친구로 소개되는 사실은 의미가 있습니다."

그러므로 조셉 알드리치는 이웃과 관계를 맺는 방법을 이렇게 제시하고 있습니다.

"첫째로 준비되어 있는 이웃을 그려보십시오. 당신 주위에 해결 받으려 하며 성령으로 준비되어 있는 사람들이 살고 있음을 깨달아야 합니다. 하나님은 당신을 준비되어 있는 사람들에게로 인도하실 것입니다. 대부분의 경우 이웃 전도에 있어서 첫째 단계는 태도에 관련되어 있습니다. 만일 사람들이 '성공할 것이다.' '성공하지 못할 것이다.' 라고 생각하면 꼭 그대로 됩니다. 자신의 기대대로 이루어지기 때문입니다. 우리는 인생에서 바라는 것을 얻게 됩니다.

둘째로 우리는 주도권을 잡고 사귀어야 합니다. 누가 준비된 사람입니까? 당신에게 반응하는 사람입니다. 그러므로 당신에게 반응하는 사람이 그리스도를 받아들일 후보자입니다. 사람들은 낯선 사람이 집에 들어오는 것을 좋아하지 않습니다. 사실상 대부분의 사회에서 낯선 사람이 남의 집에 들어가려고 하는 것은 실례되는 행동입니다. 그러므로 사람들은 낯선 사람보다도 낯익은 사람과 함께 어떤 일이나 이야기를 하려고 합니다.

그러므로 올바른 결단을 내릴 수 있는 분위기를 만들기 위해서는 시간과 노력이 필요합니다. 그리고 시간을 같이 보내는 것을 대신할 수 있는 것은 아무 것도 없습니다. 우리의 목적은 상대방이 결단을 내릴 수 있는 분위기를 만드는 것입니다.

셋째로 우리는 관계를 강화해야 합니다. 전도의 대상자들을 찾기 위해서는 사람들과 사귀어야 합니다. 이웃을 어떻게 사귈 수 있는지 도와주시도록 하나님께 구하십시오. 그들의 이름을 알아두어 실수하지 않도록 하십시오. 그리고 웃는 얼굴로 대하십시오. 그리고 친절하십시오. 그리고 잘 들어주십시오. 그리고 필요할 때는 적극적으로 도와야 합니다.

넷째로 당신의 가정에 초대하십시오. 이를 위해서는 식사에 초대하는 것도 훌륭한 방법입니다. 그러나 그들을 식사에 초대할 때 너무 요란스럽게 하지 않는 것이 좋습니다. 그들은 간단한 식사에 더 편안함을 느낄지도 모릅니다. 당신이 음식을 너무 잘 차리면 상대방은 그와 같이 차릴 수 없기 때문에 당신 부부를 초대하기를 주저할 수도 있습니다. 그렇다고 정성 없이 준비하라는 말은 아닙니다. 정성이 담긴 음식과 사랑을 가지고 손님을 대접하는 태도가 중요합니다.

이웃을 식사에 초대하였을 때 영적인 것을 이야기해야 한다는 강박

관념을 갖지 말아야 합니다. 그날 밤이 가기 전에 전도를 하지 않으면 실패한 것같이 느끼는 사람들이 많습니다. 그러나 그렇지 않습니다. 관계를 키우는 기간에 영적인 문제를 이야기하기는 쉽지 않습니다.

다섯째로 공동 관심사를 만들어야 합니다. 이것의 목적은 공동의 경험을 나눔으로써 관계를 키우는 것입니다. 가끔 접촉의 기회가 되는 공동 관심사가 될 수 있는 것들의 목록을 만들어야 합니다.

여섯째로 공휴일을 활용해야 합니다. 크리스마스, 설날, 추석, 노동절 등과 같은 휴일을 이웃들과 관계를 키우는 좋은 기회로 사용해야 합니다.

일곱째로 어려운 사람들을 도와주십시오. 인생이란 힘든 것이며, 병이나 사랑하는 사람들의 죽음, 결혼 생활, 경제적 어려움 등의 문제가 있는 이웃들을 돌아보고 도움으로써 그리스도의 사랑을 나타낼 수 있는 기회를 얻을 수 있습니다. 사람들은 당신이 얼마나 자신들에게 관심을 갖고 있는가를 알기 전에는 당신이 무엇을 알고 있는지에 관심이 없다는 것을 알아야 합니다. 다른 사람들의 상처는 당신이 그들에게 좋은 소식이 될 수 있는 기회입니다.

여덟 번째로 이웃들에게 책이나 테이프를 선물해 보십시오. 훌륭한 내용의 기독교 서적들과 테이프를 전도 선물용으로 준비하십시오. 사람들의 필요에 초점을 두고 있는 책들이 좋습니다. 전도에 있어서 창의성을 발휘해야 합니다. 이 모든 활동들의 목적은 이웃을 섬기기 위함입니다.

아홉 번째로 추수할 적당한 방법과 도구를 찾아야 합니다. 물고기를 여러 방법으로 잡을 수 있습니다. 적당한 미끼를 선택하는 것도 중요한 일입니다. 불신 친구들과 시간을 함께 보내고, 그들의 관심을 발견하고, 교제를 나누고, 그들에게 관심을 기울이는 것이 바로 미끼를 뿌리는 것입니다. 열 번째로 구원을 위한 씨를 뿌리고 복음을 나눌 준비를 해야 합니다. 친구에게 예수님의 구원에 이르는 지식을 알려주는 것은 얼마나 기쁜 일입니까!"

우리는 다른 사람은 나와 다른 사람이라는 것을 분명히 알아야 합니다. 이것을 온전히 이해하는 사람들은 다른 사람은 자신과 다르다고 생각하기 때문에 그들과 비교하거나, 무시하거나, 미워하거나, 뜯어 고쳐주려고 하지 않습니다. 전도대상자들을 있는 그대로 받아 드리고, 이해하고, 용납하고, 허용할 수 있어야 합니다. 우리는 상대방을 사회적인 지위, 연령, 학력 따위로 대하지 말아야 합니다.

마음을 열고 사람들을 받아드림

다른 사람들과 진실한 인간관계를 맺기 위해서 우리의 모든 것을 함께 나누어야 합니다. 여러 사람이 모여서 함께 나누는 것은 중요한 의미가 있습니다. 이 세상은 혼자서 살아가는 것은 너무나 힘든 곳이기 때문에 우리는 모든 것을 나누어 가져야 합니다. 아낌없이 주는 동안에 우리는 항상 더 큰 것을 되돌려 받습니다. 그것은 나누어주는 그 순간에 얻는 기쁨입니다. 감정을 나누어 가지는데 인색하지 말아야 합니다. 기쁨 감정은 나눌수록 커지고 나쁜 감정은 나눌수록 줄어들기 때문입니다.

모든 사람에게 너그러운 사람이 되어야 합니다. 모든 사람을 있는 그대로 보아야 합니다. 전도 대상자들을 있는 그대로 보고 있는 그대로 받아들여야 합니다. 그들을 우리처럼 되기를 요구하지 말아야 합니다. 우리와 다른 생각이나 느낌을 가지고 있는 사람을 이상한 사람이나 모자라는 사람이라고 생각하지 말아야 합니다. 그 사람으로서는 그렇게 생각하고 그런 기분을 느낄 수밖에 없는 충분한 이유가 있다는 것을 생각해야 합니다.

우리가 마음을 열고 그들의 이야기를 귀담아 듣고 그 사람 자체를 받아들일 준비를 해야 합니다. 단순히 듣는다는 것과 받아들인다는 것은 상당한 차이가 있습니다. 사람은 소리라는 그릇 속에 뜻을 담고 기분을 실어서 자기를 나타내 보입니다.

마음을 가다듬고 귀담아 듣고 받아들이지 않는다면 그들의 이야기들은 모두 귓전을 스쳐가고 맙니다. 이렇게 되어서는 진실한 만남이란 이루어질 수가 없습니다. 말속에 담긴 뜻과 그 밑바탕에 깔린 기분을 들어야 말귀를 알아듣는 것입니다. 그렇게 받아들여야 마음이 통하고 배짱이 맞고, 그들을 있는 그대로 받아들여야 진실한 사랑을 알아보는 것입니다. 뜻이 통하고, 마음을 알아주고, 그들을 알아보는 것이 바로 그들을 얻는 비결입니다. 그러면 전도는 저절로 되어 집니다.

08. 그리스도인의 교제

수레바퀴의 삶에서 마지막은 그리스도인의 교제하는 생활입니다. 우리 그리스도인은 예수 그리스도를 중심으로 모여 서로 사귀고 삶을 나누는 아름다운 교제를 나눌 수 있어야 합니다.

우리는 교제를 통해서 서로가 성장하도록 자극해야 합니다. 그리스도인들이 기도와 성경공부 모임에 참여하였을 때는 서로 영적 성장에 대한 자극이 있어야 합니다. 성경공부를 통해서 배운 것을 개인적으로 삶에 적용하도록 자극을 받기도 하고, 어떤 주제를 더 깊이 공부하겠다는 동기를 얻거나, 기도시간을 통해 더 열심히 기도해야겠다는 동기를 얻을 수 있어야 합니다.

결국 교제를 통해서 개인과 교회가 성장하고 세움을 받아야 합니다.

교제란 무엇인가?

교제라는 단어는 헬라어로 Koinonia(코이노니아)라고 하는데, 누구와 함께 어떤 것을 나누는 것을 의미합니다. 그리스도인들은 다른 형제자매들과 함께 나누어야 할 것들이 참으로 많이 있습니다. 예수 그리스도의 인도와 용서, 예수님이 주신 기쁨과 비전과 사역, 그리스도의 사랑, 전도의 경험들, 영적 분별력, 슬픔과 영광, 물질적 또는 영적인 문제 등을 교제를 통해서 나눌 수 있습니다.

우리가 예수 그리스도의 이름으로 교제할 때 우리 예수님께서도 우리와 함께 하십니다. "두세 사람이 내 이름으로 모인 곳에는 나도 그들 중에 있느니라"(마 18:20)

우리가 친구들에게 복음을 전하는 이유도 사실은 그들과 진정한 친구가 되어서 진실한 교제를 나누기 위합니다. "우리가 보고 들은 바를 너희에게도 전함은 너희로 우리와 사귐이 있게 하려 함이니 우리의 사귐은 아버지와 그의 아들 예수 그리스도와 더불어 누림이라"(요일 1:3) 그러므로 우리가 교제를 잘 할 수 있는 비결은 우리가 죄를 멀리하고 빛 가운데 살아가는 것입니다.

"그가 빛 가운데 계신 것 같이 우리도 빛 가운데 행하면 우리가 서로 사귐이 있고 그 아들 예수의 피가 우리를 모든 죄에서 깨끗하게 하실 것이요"(요일 1:7)

성경은 그리스도인의 진실한 교제를 보여주는 교과서와 같습니다. 초대교회 성도들은 서로 교제하고, 음식을 나누어 먹으며, 필요에 따라 물건을 나누어주고, 날마다 같이 모여서 함께 하나님을 찬송하고 기뻐했습니다. 그 결과 세상 사람들로부터 칭송을 받게 되었으며, 하나님께서 날마다 구원 받는 사람들을 더해 주셨습니다.

"그들이 사도의 가르침을 받아 서로 교제하고 떡을 떼며 오로지 기도하기를 힘쓰니라 사람마다 두려워하는데 사도들로 말미암아 기사와 표적이 많이 나타나니 믿는 사람이 다 함께 있어 모든 물건을 서로 통용하고 또 재산과 소유를 팔아 각 사람의 필요를 따라 나눠 주며 날마다 마음을 같이하여 성전에 모이기를 힘쓰고 집에서 떡을 떼며 기쁨과 순전한 마음으로 음식을 먹고 하나님을 찬미하며 또 온 백성에게 칭송을 받으니 주께서 구원 받는 사람을 날마다 더하게 하시니라"(행 2:42-47)

우리 그리스도인들은 무엇보다도 교회의 지체로서 한 몸입니다. 우리가 한 몸의 지체이기 때문에 서로 돕고 보살피는 것은 당연합니다. 하나님의 목적은 몸 가운데서 분쟁이 없고 오직 여러 지체가 서로 같이 돌보게 하셨습니다. 우리는 만일 한 지체가 고통을 받으면 모든 지체가 함께 고통을 받고 한 지체가 영광을 얻으면 모든 지체가 함께 즐거워합니다. 그러므로 우리는 그리스도의 몸이요 지체의 각 부분으로 교제하며 살아갑니다(고전 12:25-27).

교제가 중요한 이유

우리는 함께 모여서 서로 사랑과 선행을 격려할 수 있습니다. 우리는 청년의 정욕을 피하고 주를 깨끗한 마음으로 부르는 자들과 함께 교제할 수 있습니다.

"서로 돌아보아 사랑과 선행을 격려하며 모이기를 폐하는 어떤 사람들의 습관과 같이 하지 말고 오직 권하여 그 날이 가까움을 볼수록 더욱 그리하자, 또한 너는 청년의 정욕을 피하고 주를 깨끗한 마음으로 부르는 자들과 함께 의와 믿음과 사랑과 화평을 따르라"(히 10:24-25, 딤후 2:22)

우리는 그리스도인의 교제를 통해서 죄의 유혹으로부터 보호받을 수 있습니다. 우리는 교제를 통해서 매일 피차 권면할 수 있습니다. "오직 오늘이라 일컫는 동안에 매일 피차 권면하여 너희 중에 누구든지 죄의 유혹으로 완고하게 되지 않도록 하라"(히 3:13)

우리는 교제를 통해서 서로를 세워주기 때문에 성장할 수 있습니다. 철이 철을 날카롭게 하는 것처럼 사람이 그 친구의 얼굴을 빛나게 할 수 있습니다. 우리는 성도들이 잘 되도록 서로 도와줄 수 있어야 합니다. "철이 철을 날카롭게 하는 것 같이 사람이 그의 친구의 얼굴을 빛나게 하느니라"(잠 27:17) 우리는 교제를 통해서 서로에게 유익을 주고 함께 좋은 상을 얻을 수 있습니다.

"두 사람이 한 사람보다 나음은 그들이 수고함으로 좋은 상을 얻을 것임이라 혹시 그들이 넘어지면 하나가 그 동무를 붙들어 일으키려니와 홀로 있어 넘어지고 붙들어 일으킬 자가 없는 자에게는 화가 있으리라 또 두 사람이 함께 누우면 따뜻하거니와 한 사람이면 어찌 따뜻하랴 한 사람이면 패하겠거니와 두 사람이면 맞설 수 있나니 세 겹 줄은 쉽게 끊어지지 아니하느니라"(전 4:9-12)

우리는 교제를 통해서 지혜를 얻을 수 있습니다. 그러므로 우리는 지혜로운 자와 교제해야 합니다. "지혜로운 자와 동행하면 지혜를 얻고 미련한 자와 사귀면 해를 받느니라"(잠 13:20) 그러므로 우리는 교제를 통해서 서로 도움을 입고 자라게 됩니다.

"오직 사랑 안에서 참된 것을 하여 범사에 그에게까지 자랄지라 그는 머리니 곧 그리스도라 그에게서 온 몸이 각 마디를 통하여 도움을 받음으로 연결되고 결합되어 각 지체의 분량대로 역사하여 그 몸을 자라게 하며 사랑 안에서 스스로 세우느니라"(엡 4:15-16)

우리는 그리스도 안에서 조직적이고, 계획적이고 체계적인 교제를 할 수 있습니다. 우리는 교회의 여러 가지 프로그램과 모임에 참여함으로 이러한 교제를 할 수 있습니다. 우리는 비체계적이고 자유스러운 교제를 할 수 있습니다. 우리가 함께 배우고 함께 성장하기 위해서 자유스럽게 교제합니다.

우리는 대화가 가능한 곳이면 어디서나 함께 교제할 수 있습니다. 함께 식사도 하고, 함께 공부를 하고, 함께 차를 마시고, 비계획적인 교제를 할 수도 있습니다. 우리 그리스도인들은 오락을 위한 교제도 할 수 있습니다. 인간관계 형성을 위해 함께 즐기고, 여가를 선용하고, 산책도 함께 하고, 여행도 하며 서로를 알아가게 됩니다.

우리는 무엇보다도 서로 마음을 얻는데 초점을 두어야 합니다. 그리스도를 닮은 균형 잡힌 삶을 나타내야 합니다. 운동과 오락을 위해서 자유스러운 분위기를 만들 수 있는 곳이면 어디서나 교제가 가능합니다.

교제의 기본적인 요소

우리는 무엇보다도 예수 그리스도에 대해 나누어야 합니다. 우리가 주님과 가졌던 우리의 경험들을 나누는 것입니다. 하나님의 말씀에 순종함으로써 얻은 승리와 기쁨을 나누기도 하고, 매일 아침 경건의 시간을 통해서 얻을 것을 나눌 수도 있고, 자신의 필요에 대한 하나님의 공급하심과 자신의 기도에 대한 하나님의 응답을 나눌 수도 있습니다.

우리는 교제에 참여한 사람들에게 계속적인 전도의 동기를 부여하여야 합니다. 서로 성장하도록 자극하며, 그리스도를 나누는 교제를 경험했다면, 그 결과로써 그리스도를 모르는 사람들에게 그리스도를 전하려는 열망이 생기게 됩니다. 우리 그리스도인의 삶이 세워지기 위해서는 하나님과 친밀한 교제를 계속하도록 서로가 도와야 합니다. 균형 잡힌 유용한 삶을 사는 것이 필요합니다. 영적인 지도자로부터 인도를 받는 것도 필요합니다.

우리는 교제를 할 때 우리는 먼저 주님과 바른 관계를 먼저 가져야 합니다. 교제를 나누는 서로가 주님과 밀접한 관계가 이루어질 때 참된 교제가 이루어집니다. 하지만 우리는 구원받지 못한 사람들과는 성경적인 교제를 가질 수 없습니다. 우리는 참된 교제를 위해서 사랑과 연합이 절대적으로 필요합니다.

"그러므로 그리스도 안에 무슨 권면이나 사랑의 무슨 위로나 성령의 무슨 교제나 긍휼이나 자비가 있거든 마음을 같이하여 같은 사랑을 가지고 뜻을 합하며 한마음을 품어"(빌 2:1-2)

첫째, 우리가 그리스도인으로서 교제를 잘하려면 인격을 은사나 재능보다 더 중요하게 여겨야 합니다.

사실 고린도 교회는 은사는 전혀 부족하지 않았습니다.

"너희가 모든 은사에 부족함이 없이 우리 주 예수 그리스도의 나타나심을 기다림이라"(고전 1:7) 하지만 인격이 부족한 것이 문제였습니다. 말도 잘하고, 지식도 풍부하고, 은사도 부족함이 없었지만 바로 인격이 부족했습니다. 그러므로 우리는 먼저 인격적으로 온전한 사람이 되어야 합니다.

둘째, 우리가 그리스도인으로서 교제를 잘하려면 경건함을 옳은 것보다 더 중요하게 여겨야 합니다.

우리 그리스도인은 경건함으로 이 세상을 살아야 합니다. 경건은 범사에 유익합니다. 경건함이란 무엇입니까? 하나님을 닮는 태도입니다. 모든 사람들을 사랑과 은혜로 대하는 것이 경건입니다. 경건함이 없는 사람은 늘 비판적인 태도로 사람들을 정죄하고 용납하지 않고 용서하지 않습니다. 비판적인 태도란 "이것이 옳은 것입니까? 틀린 것입니까?" 하고 따지는 태도입니다. 만약 우리가 하는 대로 하나님께서 갚으셨다면 우리는 벌써 없어졌을 것입니다. 하나님께서 나를 따라 다니면서 "네가 하는 일이 옳은 것이냐? 틀린 것이냐?" 하고 따진다면 나는 죽었어도 백번도 더 죽었을 것입니다.

우리는 이 세상 정욕을 다 버리고 신중함과 의로움과 경건함으로 이 세상을 살아야 합니다(딛 2:12).

셋째, 우리가 그리스도인으로서 교제를 잘하려면 사랑을 말하는 기술보다 더 중요하게 여겨야 합니다.

말을 하는 기술이 없어서 고민하고 있다면 상대방을 사랑하겠다는 결심을 하면 모든 문제는 해결될 수 있습니다. 그러므로 바울은 이렇게 말합니다. "오직 사랑 안에서 참된 것을 하여 범사에 그에게까지 자랄지라 그는 머리니 곧 그리스도라, 그런즉 거짓을 버리고 각각 그 이웃과 더불어 참된 것을 말하라 이는 우리가 서로 지체가 됨이라"(엡 4:15, 25) 다시 말하면 "사랑 안에서 진실을 말하라"는 것입니다.

모세와 예레미야는 말을 잘 못하는 사람들이었습니다. 하지만 하나님을 사랑한다면 말을 잘 못하는 것은 전혀 문제가 되지 않습니다. 우리가 비록 말을 잘 못해도 상대방을 사랑하겠다고 결심을 하고 실천하면 인간관계에서 성공할 수 있습니다.

넷째. 우리가 그리스도인으로서 교제를 잘하려면 주관하기보다는 섬기려는 태도를 가져야 합니다.

세상의 많은 지도자들은 자기 맘대로 사람들을 주관하고 권세를 부립니다. 그러나 예수님은 우리에게 새로운 참된 지도력을 소개했는데 그것은 섬기는 지도력입니다. 우리가 서로 섬기겠다는 자세를 가질 때 아름다운 인간관계가 이루어집니다. 우리 예수님께서도 섬기기 위해서 오셨습니다.

다섯째, 우리는 그리스도인으로서 교제를 잘하려면 가르치기보다는 배우려는 태도를 가져야 합니다.

오늘 날 많은 사람들은 모두가 가르치는 선생이 되려고 합니다. 그러나 성경은 많이 선생이 되지 말라고 경고합니다(약 3:1). 그러므로 우리는 겸손하게 모든 사람에게 배우겠다는 태도를 가져야 합니다.

우리가 서로 아는 척하고 배우려는 태도를 취하지 않을 때 우리는 올바른 교제를 할 수 없습니다. 우리는 예수님의 제자로서 예수님께 배우겠다는 자세를 가져야 합니다. 사도 바울은 주님을 만난 지 수년이 지났음에도 불구하고 여전히 배우겠다는 태도를 가졌습니다.

여섯째, 우리가 그리스도인으로서 교제를 잘하려면 성숙한 사람이 되어야 합니다.

성숙한 사람은 가정과 자기 친구들을 소중히 하며 생각과 감정표현과 행동이 자발적입니다. 남의 비유를 맞추려고 자기의 솔직한 생각과 감정을 숨기지 않습니다. 사람들을 대하는 태도가 민주적이며 사람들의 지위에 관계없이 사람들을 인간적으로 사귈 수 있습니다. 소수의 사람들과 아주 깊은 인간관계를 맺고 그것을 소중하게 생각합니다. 성숙한 사람은 분별력이 있어 올바르게 행동합니다.

"신령한 자는 모든 것을 판단하나 자기는 아무에게도 판단을 받지 아니하느니라"(고전 2:15) 모든 것을 하나님의 시각으로 볼 수 있습니다. 말씀에 대한 이해력이 뛰어나 어려운 말씀과 헌신을 요구하는 말씀도 이해하고 삶에 적용합니다. 오늘날 우리는 인격보다 은사를 더 강조하는 시대에 살고 있습니다. 오늘날 많은 사람들이 육체적인 외양과 지식, 그리고 재물에 더 관심을 가지고 있습니다. 이 왜곡된 가치관 때문에 많은 사람들이 자신에 대한 바른 가치관을 깨닫지 못하고 낮은 자존감을 가지고 힘들어 하는 경우가 많습니다.

그러나 가장 귀중한 가치는 예수 그리스도를 본받아 인격적으로 성숙한 사람이 되는 것입니다.

일곱째, 우리는 그리스도인으로서 교제를 잘하려면 상대방과 갈등이 일어날 때에 지혜롭게 해결해야 합니다.

상대방이 우리를 공격해 올 때도 우리는 지혜롭게 대처해야 합니다. 부정적인 방법은 변명하고 방어하며 같이 공격함으로 분쟁이 일어납니다. 그러나 하나님이 원하시는 것은 우리가 먼저 하나님과 개인적인 시간을 가져보는 것입니다.

"하나님이여 나를 살피사 내 마음을 아시며 나를 시험하사 내 뜻을 아옵소서 내게 무슨 악한 행위가 있나 보시고 나를 영원한 길로 인도하소서"(시 139:23-24)

우리가 교제하다가 어떤 갈등이 일어날 때 내가 잘못했다는 것이 밝혀지면 하나님께 회개하고 상대방에게 찾아가 용서를 구해야 합니다.

"그러므로 예물을 제단에 드리려다가 거기서 네 형제에게 원망들을 만한 일이 있는 것이 생각나거든 예물을 제단 앞에 두고 먼저 가서 형제와 화목하고 그 후에 와서 예물을 드리라"(마 5:23-24)

하지만 내가 잘못한 것이 없으면 하나님께 의탁하고 상대방을 용서해 주어야 합니다. "서로 친절하게 하며 불쌍히 여기며 서로 용서하기를 하나님이 그리스도 안에서 너희를 용서하심과 같이 하라"(엡 4:32) 그리고 하나님이 상대방을 축복해 주시도록 기도해야 합니다.

그리스도인의 친구관계

성경에 나오는 믿음의 사람들은 모두 진실한 친구들이 있었습니다. 모세에게는 갈렙과 여호수아가 있었고, 다윗에게는 그를 생명같이 사랑했던 요나단이 있었고, 충성스러운 잇대와 같은 사람들이 있었습니다. "잇대가 왕께 대답하여 이르되 여호와의 살아 계심과 내 주 왕의 살아 계심으로 맹세하옵나니 진실로 내 주 왕께서 어느 곳에 계시든지 사나 죽으나 종도 그 곳에 있겠나이다 하니"(삼하 15:21)

다니엘에게는 3명의 친구들이 있었습니다.

베드로에게는 예루살렘에서 강한 팀을 이루어 사역을 함께 했던 요한이 있었습니다.

예수님께서도 우리를 사랑하셔서 우리를 친구로 대해 주셨습니다.

"사람이 친구를 위하여 자기 목숨을 버리면 이보다 더 큰 사랑이 없나니 너희는 내가 명하는 대로 행하면 곧 나의 친구라 이제부터는 너희를 종이라 하지 아니하리니 종은 주인이 하는 것을 알지 못함이라 너희를 친구라 하였노니 내가 내 아버지께 들은 것을 다 너희에게 알게 하였음이라 너희가 나를 택한 것이 아니요 내가 너희를 택하여 세웠나니 이는 너희로 가서 열매를 맺게 하고 또 너희 열매가 항상 있게 하여 내 이름으로 아버지께 무엇을 구하든지 다 받게 하려 함이라"(요 15:13-16)

예수님은 우리의 진실한 친구로서 우리를 위해 목숨까지 버리셨습니다. 그리고 우리를 친구로 불러주셨습니다. 중동지역에서 왕이 주는 최고의 칭호는 친구라는 호칭입니다. 친구는 언제나 왕 앞에 나아갈 수 있었습니다. 왕은 자신의 계획을 다른 사람에게 말하기 전에 친구에게 말했습니다. 예수님은 우리에 대한 사랑을 친구라고 부르는 칭호를 통해 나타내셨습니다. 예수님은 하나님의 성령을 통해서 그리고 친구의 특권으로 그분의 비밀을 우리에게 알려 주십니다.

사도 바울에게도 많은 친구들이 있었습니다. 자기 목숨을 돌아보지 않고 바울을 섬겼던 에바브로디도가 있었습니다(빌 2:25-30).

에바브로디도는 성경에 나오는 인물 중에 유명한 인물은 아니지만 바울의 진실한 친구였습니다. 그는 빌립보 교회의 보냄을 받고 감옥에 갇혀있는 바울을 진심으로 섬겼던 사람입니다. 어떤 일이 있었는지 정확하게 알 수는 없지만 그는 병들어 죽을 처지에 있었지만 자신보다 바울을 더 걱정하여 사랑으로 바울을 섬겼습니다. 그는 진실한 친구가 어떤 사람인지 본보기로 보여주었습니다. 그는 자신이 상처를 입고 희생과 위험이 따를지라도 바울의 필요를 충당해 주고 바울의 비전을 이루는데 도움을 주었습니다.

바울을 위해 목이라도 내어놓았던 브리스가와 아굴라도 있었습니다. "너희는 그리스도 예수 안에서 나의 동역자들인 브리스가와 아굴라에게 문안하라 그들은 내 목숨을 위하여 자기들의 목까지도 내놓았나니 나뿐 아니라 이방인의 모든 교회도 그들에게 감사하느니라"(롬 16:3-4)

바울을 자주 격려해 주었던 오네시보로도 있었습니다. "원하건대 주께서 오네시보로의 집에 긍휼을 베푸시옵소서 그가 나를 자주 격려해 주고 내가 사슬에 매인 것을 부끄러워하지 아니하고 로마에 있을 때에 나를 부지런히 찾아와 만났음이라 원하건대 주께서 그로 하여금 그 날에 주의 긍휼을 입게 하여 주옵소서 또 그가 에베소에서 많이 봉사한 것을 네가 잘 아느니라"(딤후 1:16-18) 그는 바울이 감옥에 갇혀 있는 것을 부끄러워하지 않고 자주 찾아가 격려해 주었습니다. 그는 '유익을 가져다주는 자' 라는 이름의 뜻을 가지고, 그 이름에 걸맞게 다른 사람을 섬기는 봉사자였습니다.

바울의 사정을 잘 알고 대변해 주었던 두기고도 있었습니다. "나의 사정 곧 내가 무엇을 하는지 너희에게도 알리려 하노니 사랑을 받은 형제요 주 안에서 진실한 일꾼인 두기고가 모든 일을 너희에게 알리리라, 두기고가 내 사정을 다 너희에게 알려 주리니 그는 사랑 받는 형제요 신실한 일꾼이요 주 안에서 함께 종이 된 자니라"(엡 6:21, 골 4:7) 그는 사랑 받는 형제로서 바울과 함께 시간을 많이 보냈기 때문에 바울의 사정을 누구보다도 잘 알고 대변해 주는 친구였습니다. 모두가 다 반대해도 이런 친구가 대변해 준다면 얼마나 힘이 나겠습니까? 그는 신실하게 다른 사람을 섬기는 예수님의 종이었습니다.

바울과 끝까지 함께 했던 누가도 있습니다. 바울이 어려움에 처할 때 바울을 떠났던 많은 사람들이 있었습니다. 아시아에 있는 많은 사람도 바울을 버렸고, 부겔로와 허모게네도 바울을 떠났습니다. 바울의 여행의 동반자였던 데마도 떠났습니다. 하지만 바울이 외로울 때 누가는 끝까지 바울과 함께 했습니다. 바울이 육체의 가시로 고생하고 있었기 때문에 하나님께서 의사였던 누가를 붙여주셨습니다. 누가는 언제나 바울과 함께 했기 때문에 누가복음과 사도행전을 기록할 수 있었습니다.

"누가만 나와 함께 있느니라 네가 올 때에 마가를 데리고 오라 그가 나의 일에 유익하니라, 아시아에 있는 모든 사람이 나를 버린 이 일을 네가 아나니 그 중에는 부겔로와 허모게네도 있느니라, 데마는 이 세상을 사랑하여 나를 버리고 데살로니가로 갔고 그레스게는 갈라디아로, 디도는 달마디아로 갔고"(딤후 4:11, 딤후 1:15, 4:10)

그러므로 우리도 어려운 환경 속에서 힘들어 하는 분들에게, 피곤하고 지쳐있는 분들에게, 외로움 속에서 방황하는 분들에게 진실한 친구가 되어야 합니다.